Dennis Faedi

Guardini e la persona

Dennis Faedi

Guardini e la persona

Tentativi di una pedagogia

Edizioni Sant'Antonio

Imprint

Cover image: Image belongs to the author

Publisher:
Edizioni Accademiche Italiane
is a trademark of
International Book Market Service Ltd., member of OmniScriptum Publishing Group
17 Meldrum Street, Beau Bassin 71504, Mauritius

Printed at: see last page
ISBN: 978-613-8-39094-7

Facoltà Teologica dell'Emilia-Romagna
ISTITUTO SUPERIORE DI SCIENZE RELIGIOSE
"Alberto Marvelli"

Guardini e la persona

Tentativi di una pedagogia

Esercitazione per la Laurea Magistrale in Scienze Religiose
Indirizzo pedagogico-didattico

Candidato
FAEDI DENNIS
Matricola n. 0143

Docente
Prof. CELLI DANIELE

Anno Accademico 2017/2018

Introduzione

> Se il Dio vivente c'è, allora c'è anche per l'educazione. (...) È una commedia grottesca ammettere che Dio esista, ma pedagogicamente agire come se Egli non fosse.[1]

Quando ho compreso che presto o tardi sarei divenuto insegnante in una scuola pubblica, mi sono posto la domanda su quale metodo avrei dovuto utilizzare per trasmettere i contenuti della fede cattolica che ho ricevuto dalla Chiesa.

Sono già diversi anni che studio teologia, ma raramente mi sono posto la questione di una trasmissione sistematica dei numerosi contenuti che ho ricevuto. Il problema mi è nato soprattutto a contatto con i ragazzi delle medie che frequentavo in parrocchia. Di fronte a loro non mi potevo improvvisare un accademico con tante nozioni da trasmettere, perché non aveva alcuna efficacia. Non corrispondeva alle loro esigenze.

Ciò che stavo studiando cominciò a sembrarmi presto poco fruibile per le persone con cui ero a contatto.

Fortunatamente nella mia prima giovinezza ho potuto vivere esperienze da cui ho capito che la trasmissione della fede non è solo un fatto di conoscenza o di morale, ma si tratta di un vero e proprio avvenimento che coinvolge tutta la persona. L'esempio di grandi educatori quali Luigi Giussani, al quale per me si è aggiunto Romano Guardini, mi aveva già dato una chiave per superare questa crisi.

Per questo motivo, cogliendo l'occasione di questi anni di specializzazione in pedagogia e didattica, ho ritenuto innanzitutto un obbligo per me il fatto di riprendere la visione che avevo già ricevuto e che avevo messo da parte.

Ho scelto dunque di svolgere una ricerca più accurata su uno di questi modelli, Romano Guardini. Mi sono concentrato, per brevità, su un tema pedagogico a lui caro, dei tanti che nelle sue innumerevoli opere ha affrontato: quello della persona.

---

[1] R. GUARDINI, *Persona e libertà. Saggi di fondazione della teoria pedagogica*, La Scuola, Brescia 1987, p. 63.

La persona di Romano Guardini innanzitutto: la sua vita, la sua esperienza di prete, professore, educatore dei giovani, responsabile di un movimento. La sua opera non si capisce appieno se non si tiene presente il contesto in cui egli ha vissuto e i gesti che egli ha compiuto.

La persona in Romano Guardini: tema pedagogico a lui caro, affrontato in diversi saggi, il concetto di persona racchiude una sintesi della sua visione sull'uomo mutuata dalla Rivelazione cristiana. Persona richiama immediatamente il rapporto dell'uomo con Dio, la libertà, la coscienza e la sua autoappartenenza.

Numerose sono le conseguenze di questa visione in campo pedagogico. Mi soffermo solo su alcune, cosciente che già educare un uomo ad essere pienamente persona significa averlo condotto alla sua piena realizzazione. La persona vive in diversi ambiti: quello del linguaggio, la sua capacità di esprimersi e di manifestare la verità; quello della socialità, il rapporto con gli altri, che mira alla carità passando dall'accoglienza e dall'ascolto; quello politico, che mira al retto utilizzo delle realtà terrene del potere; quello della preghiera e della liturgia, il rapporto con il trascendente, che è la vetta della propria attività spirituale. Educare a essere persona passa anche da questi ambiti.

Per approfondire tutti questi aspetti mi sono avvalso della nutrita bibliografia di Guardini, di cui innumerevoli sono i saggi pubblicati anche negli ultimi anni, specialmente dall'editrice Morcelliana, oltre naturalmente a opere su Guardini e sulla sua vita.

La tesi, lo ribadisco, è uno strumento anzitutto per me, per custodire il prezioso insegnamento di questo autore e per maturare un modo nuovo di trasmettere il messaggio cristiano, che rimane, nella sua essenza, sempre intramontabile e attuale. Ma, soprattutto, vivente.

1. La persona di Romano Guardini

Guardini, pur essendo stato una delle figure di spicco del XX secolo, ha conosciuto un inesorabile oblio tanto che il suo nome ora è conosciuto perlopiù solo da chi si occupa di teologia o di materie affini. Io ho scoperto in Guardini un riferimento importante e in questa tesi condivido con il lettore la grandezza di questa figura, che, purtroppo, è nascosta ai più.

Quando si parla di Romano Guardini non si sa bene come definirlo. La sua personalità è tanto ampia e le attività che ha condotto tanto varie da non poter dare la preminenza assoluta ad un aspetto su un altro. Di lui certamente una cosa attrae e forse racchiude ogni singolo aspetto, penetrandolo fin alle radici: egli è un testimone di Cristo, inteso soprattutto come verità per ogni uomo.

Guardini stesso sembra darci un'immagine di sé quando parla di Anselmo d'Aosta:

> Egli è un pensatore di natura agostiniana; di quella specie che unisce metafisica e sapere profondo sull'anima. Al tempo stesso un umanista di fine cultura della parola. Quel raro tipo di educatore che educa con il minimo sforzo attraverso ciò che lui è, per mezzo dell'atmosfera che sa creare, grazie a un amore generatore di vita e vibrante di bellezza. Egli è stato ancora di più un *confessor*, che conduce una grande battaglia con forza insuperabile, ma molto silenziosa.[2]

Occorre in generale chiarire che tre sono le principali identità di Guardini: egli è sacerdote, educatore e docente. Ognuna di queste tre manifesta un particolare aspetto della sua vita e della sua opera.

La sua interiorità, che sta all'origine della sua notevole produzione, sembra però sottrarsi al nostro sguardo. Vi è chi ha tentato di produrre una biografia di Guardini, dato che sono molte le fonti reperibili a suo riguardo: lettere, atti, diari, appunti di conferenze e lezioni, pubblicazioni e articoli, e tanto altro. Ma tutto questo sembra ancora insufficiente a cogliere l'intimo di una personalità così riflessiva e introversa. Ho avuto questa percezione mentre cercavo di raccogliere il materiale che mi era disponibile e, nonostante vi siano fonti attendibili e documentate, pare che la

[2] H. B. GERL, *"Il cuore è lo spirito in prossimità del sangue". Romano Guardini educatore*, in G. FABRIS – G. A. FACCIOLI (edd.), *Romano Guardini e la pedagogia. L'educazione come compito e valore*, Il Poligrafo, Padova 2013, p. 20.

profondità di Guardini sia difficilmente sondabile. A volte probabilmente anche lui faceva fatica a comprendere fino in fondo se stesso. Tale impressione non fa altro che accrescere ulteriormente l'interesse verso questa persona.

Parlando di Guardini inoltre non si può non considerare il contesto in cui ha vissuto, l'epoca che ha attraversato e da cui si è lasciato interrogare formulando risposte efficaci e coerenti, capaci di incidere anche a lungo termine. Non mi stupirei se prima o poi Guardini fosse annoverato pubblicamente tra le figure più influenti del secolo scorso.

1.1 Gli inizi

Romano Guardini nasce a Verona il 17 febbraio 1885, da genitori italiani; il padre, in particolare, è commerciante di professione. La famiglia vive in Italia un anno dopo la nascita del piccolo Romano e successivamente si trasferisce a Magonza, in Germania, proprio a causa del lavoro paterno. Guardini vive lì la sua infanzia e la sua adolescenza insieme ai tre fratelli Gino, Mario e Aleardo. La sua formazione è sostanzialmente tedesca, nonostante le influenze italiane vissute in famiglia, specialmente grazie alla madre, e che rimangono in parte come suo bagaglio personale.

Guardini non lascia molte informazioni riguardo alla sua famiglia. Di suo padre dice:

> Nessuno aveva conoscenza della sua vita interiore, personale. Quando morì nel 1919 avevo 34 anni, e credo che in tutto questo tempo io abbia avuto con lui non più di dieci o quindici colloqui personali, o su argomenti specifici, che andassero più a fondo. La sua vita dev'essere stata terribilmente solitaria; per lui sostanzialmente c'era solo il lavoro.[3]

Uno dei meriti del padre è sicuramente quello di aver comunicato al figlio l'interesse per Dante Alighieri, una figura che diventa importante nella vita di Guardini: diversi sono gli studi che egli compie sul poeta italiano.

L'attività del padre, ereditata dal nonno, consente alla famiglia di vivere nel benessere e influenza anche l'aspirazione dei figli: i fratelli di Romano seguono le orme del padre e lui stesso eredita delle capacità gestionali non indifferenti.

[3] H. B. GERL, *Romano Guardini. La vita e l'opera*, Morcelliana, Brescia 1988, p. 20.

Particolare è per Guardini anche il rapporto con la madre. Lei si pone nettamente a favore dell'appartenenza italiana e non accoglie di buon animo il trasferimento a Magonza. Anche in Germania mantiene un atteggiamento chiuso verso ogni aspetto della vita tedesca e cerca di tenere i suoi figli nel medesimo atteggiamento. Di lei scrive un amico di Guardini, Felix Messerschmid:

> In questa donna si compenetravano nella stessa misura autoritarietà e bontà. Nelle poche affermazioni di Guardini adulto riguardo a sua madre era difficile capire che cosa prevalesse, se il rispetto o l'attaccamento.[4]

Nel corso degli anni il rapporto con la madre rimane singolare, a volte non privo di tensioni, specialmente a causa delle scelte del primogenito Romano.

I genitori trasmettono ai figli una fede molto asciutta: oltre alla partecipazione alla messa domenicale e alle preghiere quotidiane, in famiglia non si parla molto di religione.

La vita in famiglia è piuttosto difficile. Egli ci dice che il suo era un passare «da un mondo chiuso ad un altro»[5] e anche il rapporto con i fratelli non è particolarmente determinante in quanto da adulto si troverà ad essere piuttosto distaccato da loro. È anche vero che, essendo la famiglia Guardini piuttosto chiusa, il giovanissimo Romano aveva come unici compagni di gioco i propri fratelli.

Nella sua educazione in casa vi sono aspetti negativi e positivi:

> Fummo educati in modo molto rigido, o più esattamente secondo il vecchio stile. L'autorità dei genitori aveva valore assoluto e in tutto si doveva essere giovani buoni, a modo, bene educati. Di indipendenza neppure si parlava... tuttavia in essa [nella fanciullezza] i miei genitori, e ciò intendo ancora una volta sottolineare, ci hanno amato molto e noi a nostra volta li abbiamo amati.[6]

Talvolta le considerazioni di Guardini sulla sua adolescenza sono piuttosto dure:

> Così crescemmo totalmente in casa. La stanza dei bambini, poi quando fummo più grandi, la stanza personale con letto, scrittoio, armadio, furono il nostro mondo. Il fatto che avessimo una istitutrice tedesca non cambiò nulla in proposito. Ciò che per gli altri giovani era ovvio, di stare insieme nel gioco e in ogni genere di occupazioni, mancò a noi quasi del tutto. In pratica non

---

[4] *Ibidem*, p. 23.
[5] *Ibidem*, p. 25.
[6] *Ibidem*, p. 26.

andavamo da nessuno e nessuno veniva da noi. Il risultato fu che delle cose della vita, che il giovane impara da sé a conoscere mentre sta con gli altri, io non ebbi alcuna esperienza. [...] Quando guardo indietro al tempo che va sino al mio esame di maturità, che sostenni all'età di diciott'anni e mezzo, ora mi sembra come se fosse velato. [...] Nella mia fanciullezza e giovinezza devo aver vissuto una sorta di sogno, di cui solo assai poco mi è rimasto nella memoria. [...] Tutto ciò avrebbe potuto condurre a una vita interiore molto intensa, piena di forti esperienze; ma anche questo non avvenne. Quando mi volgo indietro, tutto il tempo sino all'università è come velato. Anche dei primi ricordi infantili, che rendono troppo attraente l'inizio di tutte le biografie, niente mi viene in mente. Naturalmente con ciò non voglio affatto dire che quegli anni siano rimasti vuoti. Ciò che più tardi ho manifestato, deve pur aver avuto le sue radici; ma tutto resta come sommerso sott'acqua. Il sentimento della felicità della fanciullezza e il desiderio di ritornarvi, non li ho mai provati: io non vorrei tornare nella mia fanciullezza.[7]

Guardini frequenta il "Ginnasio Umanistico" a Magonza dal 1894 al 1903, così come fanno in seguito i suoi fratelli. Anche da studente Guardini dimostra una personalità originale, intrisa di serietà e religiosità, orientata alla preghiera e distaccata dai coetanei. Tuttavia si registra la presenza di Guardini in una piccola cerchia di amici, in cui si discutono argomenti alti come filosofia, religione, arte e letteratura. Guardini spicca per il suo amore precoce a Dante.

Guardini è molto critico anche verso gli insegnanti: sostiene che nessuno di essi è in grado di risvegliare in lui la passione per una materia o perlomeno una stima personale. È un dato di fatto però che la scuola e le sue piccole cerchie fondano in lui la propria identità tedesca, a discapito di quella italiana respirata in famiglia.

Il giovane Guardini si mostra molto indeciso e insicuro. La sua giovinezza è fra due tensioni: il sentirsi legato alla propria famiglia ma allo stesso tempo la rottura e la conquista di una vita propria fuori dall'ottica dei genitori. Questa insicurezza traspare poco dalla sua produzione successiva.

Dopo un viaggio in Italia, in cui non avviene nulla di particolare, si avvia in studi accademici di vario tipo. Guardini è cosciente di avere molte potenzialità, ma non ha nessuna tendenza particolare. Comunque l'università rappresenta per lui il primo stacco effettivo dalla famiglia.

---

[7] *Ibidem*, p. 37.

1.2 Difficile ricerca della propria via

Il primo tentativo del 1903 è quello di chimica alla facoltà di Tubinga, con l'idea di seguire un compagno di scuola. La scelta si rivela presto un fallimento e Guardini passa dei mesi terribili: egli comprende di non essere portato per la matematica e le scienze naturali, non vi trova alcun interesse; inoltre anche il metodo d'insegnamento è poco efficiente e non trova compagni che lo sostengano.

Un secondo tentativo è quello di scienze politiche, a Monaco nel 1904. Il risultato però è lo stesso: poco interesse e grande solitudine; scarsa anche la capacità di accompagnamento dei docenti. Inizia a produrre una tesi, ma comprende presto che l'argomento non lo interessa veramente e ne sente il peso. Unico motivo di sollievo è l'atmosfera della città: l'arte e la cultura della metropoli sono uno stimolo per il giovane studente.

Suo fedele sostegno è l'amico Karl Neundörfer, conosciuto nel tempo dell'adolescenza. L'amico Karl è una presenza costante e importante nella vita del futuro teologo. Con lui conduce lunghi e appassionati dialoghi, condivide vicende di vita, come gli anni del seminario e l'ordinazione sacerdotale, e addirittura lo nomina erede di molte sue opere nel testamento del 1914 (durante la guerra). Karl ha un orientamento differente rispetto a Guardini: laureato in legge a Giessen, egli si interessa poi al diritto canonico e alle strutture pubbliche della Chiesa. La differenza fra Neundörfer e Guardini dà luogo a un confronto fecondo fra i due. La sua carriera accademica però è presto troncata dai superiori, ed egli si dedica ad impegni diocesani o a contributi per commissioni e riviste. La morte prematura di Neundörfer nel 1926 è un duro colpo per Guardini, tanto che egli non partecipa nemmeno alla cerimonia funebre.

Tornando a Monaco: città importante per Guardini, è il luogo della sua crisi religiosa. La ricerca della propria vocazione lo spinge a chiedere un confronto e lo trova presso i monaci benedettini. Riceve luce, ma non ancora una chiarezza definitiva. Anzi presto la crisi si fa più radicale:

> Una sera entrai in dialogo con uno studente [...] sulla questione religiosa. Gli esposi gli argomenti usuali a favore dell'esistenza di Dio, ed egli mi ribatté seguendo i procedimenti di

pensiero della *Critica* kantiana. Allora tutta la fede mi si dissolse; più esattamente, notai che non avevo più fede.[8]

L'amico Karl Neundörfer lo accompagna in questa difficile fase e, ritornando insieme a lui a Magonza, nota come in Romano stia crescendo una nuova fede, non più passiva bensì risoluta.

> Ricordo come se fosse ieri [...]. Fu nella mia piccola mansarda nella casa dei miei genitori in Gonsenheimerstrasse. Karl Neundörfer ed io avevamo discusso della questione che ci affaticava entrambi, e le mie ultime parole erano state: 'Occorrerà arrivare alla frase: chi vuol serbare la sua anima, la perderà; chi invece la dona, la salverà'. [...] Allora mi sentii nell'animo come se portassi nelle mie mani tutto – ma veramente 'tutto', il mio essere, come su una bilancia, che fosse in equilibrio: 'Posso farla pendere a destra o a sinistra. Posso dare la mia anima o tenerla'. E allora la feci pendere verso destra. L'istante fu affatto silenzioso: non fu né una scossa, né una illuminazione, - e il moto impercettibilmente sommesso: 'Così deve essere!'. Allora uscii, andando dal mio amico, e glielo dissi. In lui doveva essere accaduto qualcosa di simile [...]. Nei giorni seguenti fui molto felice, di una felicità tranquilla e tacita. Non sono mai stato uomo di grandi scosse. Per me le cose hanno sempre avuto qualcosa di contenuto, per non dire di freddo, e così fu anche allora.[9]

La frase del Vangelo di Matteo risuona nell'anima di Guardini, tanto che egli in seguito ne fa l'oggetto di alcune omelie. Questa crisi radicale e la conseguente maturazione portano Guardini a sentire una vera e propria chiamata da parte di Dio a donare la propria vita solo a Lui. Si risveglia la profondità della sua persona.

Tuttavia egli ancora non prende una vera e propria decisione. Continua gli studi di economia politica a Berlino nel 1905 con scarso interesse, anzi approcciandosi ad altre materie come filosofia e storia dell'arte. Lentamente comprende che la sua via non è in quel genere di studi.

Comincia a pensare alla propria consacrazione. Già da diversi anni egli ha una vita di preghiera non comune, e questa predisposizione fa da base per la nuova scelta che intraprende: dopo alcune riflessioni si orienta verso il presbiterato. Si confronta con un teologo residente a Berlino e trova conferma per la sua scelta. Anche Karl Neundörfer fa la stessa scelta e questa risulta una nuova conferma per il giovane Guardini.

---

[8] *Ibidem*, p. 48.
[9] *Ibidem*, pp. 48-49.

Un ulteriore aiuto per Guardini e l'amico Karl è il fatto che in quegli anni, dal 1903 al 1913 circa, i due frequentano una cerchia legata alla famiglia degli Schleussner a Magonza. I due coniugi solevano invitare giovani per condurre discussioni in materia religiosa, puntando sulla conoscenza in materia di Wilhelm Schleussner, marito di Josephine. Gli incontri sono rilevanti anche per la Magonza del tempo, che non pullula di tali esperienze. Wilhelm è esperto in teologia, filosofia, mistica e filologia e sa condurre il dialogo con rigore scientifico e profondità religiosa. Egli, dopo la morte della moglie, diviene prete a Magonza.

Guardini stima molto anche lo spirito e il carattere caritatevole della moglie Josephine. La sua presenza gli è d'aiuto per la bontà e la riservatezza che dimostra. Egli prova molto dolore per la sua morte nel 1913.

I coniugi sono un ulteriore sostegno a Guardini nella sua crisi e nei primi passi verso il presbiterato, considerandoli quasi come "genitori spirituali". Nonostante le divergenze che nel corso degli anni emergono, a causa del carattere romantico di Wilhelm, Guardini considera importante quell'incontro per lo spirito umano e cristiano che si respira in quella casa. Egli tuttavia si sente orientato in avanti e non verso il passato, per questo si allontana gradualmente dalla cerchia.

Nel 1906 Guardini finalmente inizia a studiare teologia a Friburgo. Egli trova presto l'ostilità dei suoi genitori, che non comprendono la sua nuova maturazione. Il padre, dopo le incertezze dimostrate, non pensa che il nuovo orientamento del figlio sia stabile. La mamma invece dimostra una certa avversione al mondo clericale. Questo però non ostacola Guardini dal maturare in sé, proprio a Friburgo, una profonda convinzione di essere chiamato al sacerdozio. Le esperienze e i temi affrontati negli anni precedenti riemergono nel corso dell'attività del futuro prete, dopo che egli ha trovato la sua identità.

La scelta viene ostacolata anche da tensioni interne:

> Man mano che i miei genitori acconsentivano al mio desiderio di diventare prete, io stesso divenivo su questo incerto, e quando infine fui a Friburgo, provai contro quella decisione un'inesprimibile avversione. La vista di un ecclesiastico bastava a gettarmi addosso una cupa oppressione. Non mi sorprendevo più. Oggi so che cosa si esprimesse in questa avversione, era l'opposizione di una natura che non aveva goduto la vita in alcun modo, contro le rinunce

necessarie dello stato sacerdotale [...] Le correnti nascose della malinconia si levavano tanto alte in me, che credevo di affondare, e il pensiero di dover chiudere con la vita mi occupava totalmente. Trovavo la calma soltanto in un luogo, e suona patetico dir così, ma è vero. Nel Duomo di Friburgo nella navata di destra v'era l'altare del Sacramento; quando mi inginocchiavo sui suoi gradini, svaniva l'impressione per poi, certo, poco dopo, addensarsi di nuovo. Quanto tempo sia durata questa crisi depressiva, non lo so più [...] Un giorno ero andato a Sant'Odilia, dove sgorga la fonte che è salutare per gli occhi. Sulla via del ritorno, che passa a fianco della Certosa, recitavo il rosario. Colà mi liberai della mia pena, e divenni sereno [...] Da quell'ora non ho più dubitato circa la mia vocazione sacerdotale. L'onda scura della malinconia è bensì sempre fluita sotto la mia vita e più d'una volta è montata; ma io avevo chiara coscienza d'essere chiamato ad essere prete e l'ho mantenuta fino ad oggi.[10]

Grazie alla preghiera le tensioni gradualmente si risolvono e Guardini trova stabilmente la sua via.

Nel 1907 egli si trasferisce a Tubinga, luogo della sua precedente sconfitta, per studiare una teologia più moderna. Egli ora trova un ambiente a lui favorevole e umano. Frequenta regolarmente le lezioni e riesce a formare una cerchia di amici che rendono lieti quegli anni. Guardini comincia realmente a prendere coscienza di sé.

Egli trova anche un maestro capace di dargli ispirazione: si tratta del docente di dogmatica, Wilhelm Koch, che purtroppo venne sospeso a causa di accuse legate al modernismo. Guardini lo ricorda con gratitudine anche se riconosce i limiti di un certo approccio presente nella teologia del tempo. I timori della Chiesa verso il modernismo non sono del tutto infondati.

Importante stimolo extra-universitario è l'abbazia benedettina di Beuron, non distante da Tubinga. Viene introdotto in quell'ambiente grazie ad un amico conosciuto proprio a Tubinga, Josef Weiger, che era stato novizio presso quel monastero. Lì non solo ha esperienza di una liturgia benedettina modello, ma ha anche il suo primo incontro con Max Scheler, che influenza il suo pensiero successivo. Il legame con il mondo benedettino spingerà Guardini nel 1909 a fare la propria professione come oblato di San Benedetto.

A Tubinga Guardini dunque conosce un altro amico che sarà una costante nella sua vita: si tratta di Josef Weiger. Anche egli diventerà prete, dopo aver studiato

[10] *Ibidem*, p. 58.

teologia a Tubinga, a Rottenburg nel 1911. Dal 1917 al 1957 egli è parroco di Mooshausen, luogo tranquillo nella Germania meridionale, vicino al fiume Iller. Guardini viene ospitato dall'amico circa due volte l'anno; inoltre troverà rifugio presso l'amico nei duri anni della seconda guerra mondiale, dal 1943 al 1945.

Josef Weiger, come Guardini, è autore di diverse opere, scritte con linguaggio semplice ma profondo, che esprimono concetti teologici con parole umane; i suoi ambiti di interesse sono soprattutto la teologia biblica e patristica. Nel 1951 per la sua opera riceve il dottorato *honoris causa* dalla facoltà teologica di Tubinga. Egli non è mai rivale di Guardini e sa riconoscerne la superiorità, incoraggiandone l'attività nei momenti di dubbio o incertezza.

L'amicizia con Josef e con Karl costituisce una base importante e un sostegno alla vita e all'umanità di Guardini.

Guardini si trasferisce a Magonza nel 1908 per frequentare il seminario. Si tratta di un'esperienza deludente. Nella sua biografia si legge:

> Guardini non si trovò bene in seminario. Ciò non avvenne per l'istituzione in sé, con la sua ben precisa autorità e gli ordinamenti necessari: egli accettò volentieri ciò. Vi dominava però nello stesso tempo una forma di sorveglianza e di sfiducia personale, che contrastava con il suo atteggiamento complessivo, proprio anche con la sua lealtà, anzi col suo amore per la Chiesa. Gli fu di sostegno la presenza di Neundörfer; ciò nonostante Guardini ebbe delle sofferenze psicosomatiche, tanto che i disturbi di stomaco, che l'accompagneranno per tutta la vita, ebbero inizio, per sua esplicita ammissione, proprio in questo tempo.[11]

In seminario infatti avviene un fatto che testimonia queste sue parole. Dopo aver espresso alcune critiche sul seminario a un compagno, la cosa fu risaputa dal rettore. Neundörfer fa qualcosa di analogo, ed entrambi rischiano l'espulsione dal seminario, che, con molta difficoltà, si riesce ad evitare. L'unica punizione conseguente diviene il posticipo dell'ordinazione presbiterale; Guardini rimane segnato negativamente dall'accaduto, che risulta un tradimento della sua fiducia.

Nonostante queste difficoltà, Guardini viene ordinato prete nel 1910 a Magonza insieme a Karl Neundörfer.

---

[11] *Ibidem*, p. 87.

1.3 Giovane prete

Gli anni da cappellano sono un altro periodo di prova per lui, alla ricerca delle proprie attitudini e nella scoperta dei propri limiti. Guardini si dimostra cagionevole di salute e con una certa difficoltà di rapporto con ragazzi sotto i 15 anni di età. Più che un'autorità esteriore, egli è in grado di manifestare una autorità interiore. Lui stesso afferma: «Io non ho mai capito i bambini. Il giovane entra nel mio campo visivo soltanto nel tempo in cui va maturando, ed anche anzitutto se ha una certa formazione».[12]

Difficile per Guardini è anche il rapporto con l'associazionismo cattolico. Non solo non riesce ad unirsi ad esso ma ne ha una certa riserva, anche a livello universitario.

Desideroso di trovare un modo per impiegare appieno le proprie potenzialità, egli comprende di dover curare le proprie doti spirituali e intellettuali. Comincia a cercare una collocazione in ambito accademico e chiede dunque di poter completare gli studi di teologia con un dottorato a Friburgo. Egli sceglie come tema la teologia di san Bonaventura, dottore della Chiesa, che lo richiama indirettamente ad altri grandi autori importanti per lui: Agostino, Platone, Dante e san Giovanni evangelista. Si nota un certo antagonismo alla teologia di san Tommaso, anche se egli non si esprime mai contro quest'ultimo.

Egli si laurea nel 1915 e, poco dopo, tornato a Magonza, gli viene affidata la direzione dell'associazione giovanile "Juventus". Sono anni di continuo peregrinare per lui, da una parrocchia ad un'altra. Inoltre, a causa della guerra in corso, sarà chiamato a prestare servizio come infermiere militare.

La "Juventus" era una associazione giovanile che comprendeva per lo più giovani del ginnasio e del liceo. Non aveva un vero e proprio statuto riconosciuto ma si trattava di una organizzazione con una forma caratteristica di quelle ecclesiastiche, di cui anche Guardini faceva parte da giovane. Grazie a Guardini l'associazione prende una nuova forma.

---

[12] *Ibidem,* p. 91.

Gli incontri si svolgono soprattutto al sabato e alla domenica con gite, giochi, canti, letture, racconti. Guardini ha l'occasione di tenere diverse catechesi soprattutto alla domenica e dimostra una certa dedizione a questa semplice associazione.

Vi sono certo delle difficoltà, soprattutto nel rapporto con la gerarchia, dalla quale Guardini sembra osservato talvolta con diffidenza.

Si forma anche un piccolo gruppo di studenti che seguono Guardini più da vicino, affascinati dalla sua persona. Questo gruppo pian piano prende le redini dell'associazione, con molte critiche da parte di genitori, preti e professori.

L'impegno dimostrato con questo gruppo di giovani gli dà una preparazione di fondo per guidare poi il più massiccio movimento giovanile.

In quegli anni intanto, grazie all'amicizia con Richard Knies, Guardini inizia a pubblicare le sue opere presso la casa editrice "Matthias Grünewald" che, insieme alla successiva "Werkbund", sono le due principali case editrici di Guardini. È l'inizio di un successo editoriale. Già nel 1920 compaiono due opere di Guardini fra cui il noto *Via Crucis*.

Avviene un altro duro colpo per Guardini: dopo il dottorato si aspetta di essere chiamato a un lavoro teologico di livello accademico, forse nel seminario di Magonza. Questo purtroppo non avviene, forse a causa di opposizioni interne alla diocesi. Guardini allora trova il coraggio di chiedere un permesso per i propri studi e, incoraggiato anche da Max Scheler, che gli invia giudizi positivi sui propri lavori, decide di orientarsi verso l'attività accademica fuori dal ristretto ambiente di Magonza. Ulteriore incentivo a questa scelta è la morte del padre nel 1919, che spinge la famiglia ad allontanarsi dalla Germania. La decisione definitiva di partire si concretizza nel 1920.

Il vero e proprio ingresso nella notorietà per Guardini avviene con il successo editoriale de *Lo spirito della liturgia* nel 1918. L'opera ha come tema fondamentale non tanto il rinnovamento liturgico, quanto un rinnovamento dell'atteggiamento spirituale da cui può riprendere l'interesse alla liturgia.

Guardini ci parla della genesi della sua opera:

Volevo chiarire alcune verità religiose ad un amico, all'inizio della guerra, e gli scrissi così alcune lettere piuttosto lunghe. Queste equivalevano già ai capitoli del volume sullo spirito della liturgia: capitarono nelle mani di un liturgista, il quale le mostrò all'abate Herwegen, che fu tutto entusiasta. Su mia proposta si scelse questo piccolo formato manuale per il volumetto, furono aggiunti alcuni capitoli, e ne risultò il libro [...] Sonnenschein p. es. ne fu così colpito, da ordinarne subito 1000 (mille) copie per diffonderle.[13]

Si tratta di un volume che si rivolge a tutti e ha un linguaggio che si distanzia da quello clericale. Forse anche in questo sta la ragione del suo successo.

In seguito Guardini negli anni 50 sarà più critico su quest'opera:

Oggi non riesco più a identificarmi con quest'opera. La prego quindi, scegliendone dei passi, di badare a che non abbiano un tono – diciamo – troppo entusiastico.[14]

Occorre inoltre aggiungere che accanto alla liturgia Guardini ha un certo interesse e stima verso le forme di pietà popolare (Via crucis, Rosario, Adorazione eucaristica...) a cui dedica diversi volumi della sua produzione.

1.4 La maturità: lavoro per il Movimento e per l'Università

Nel 1920 dunque si avviano due nuove vie dell'esistenza di Guardini: da una parte l'insegnamento all'Università di Bonn e dall'altra l'inizio dell'attività presso il movimento giovanile del castello di Rothenfels sul Meno. Sono anni di rapida ascesa e di proficuo lavoro per Guardini, che hanno come premessa tutto l'impegno silenzioso degli anni precedenti. Si realizzano le capacità spirituali, intellettuali e pedagogiche a cui Guardini era da sempre inclinato.

A Bonn, nonostante l'abituale solitudine che Guardini vive, diviene significativa la cosiddetta "cerchia di Scheler", importante stimolo culturale.

Nel 1922 Guardini sostiene l'esame per l'abilitazione all'insegnamento con un colloquio orale e una lezione di prova, per la quale sceglie come argomento la teologia di Anselmo d'Aosta. L'esame ha successo e dunque egli diviene libero docente di dogmatica.

[13] *Ibidem*, p. 134.
[14] *Ibidem*, p. 139.

Egli però comprende di non essere fondamentalmente un teologo, ma di aver sviluppato una riflessione a cavallo fra diverse discipline. Questa percezione lo accompagnerà nel corso di tutta la sua attività accademica. Anche questo fatto contribuisce al senso di solitudine rispetto ai propri colleghi di facoltà.

A livello economico l'attività accademica non gli rende molto, spesso è costretto a chiedere denaro al proprio editore per le spese di sostentamento.

Presto gli viene offerta una cattedra stabile con la clausola di abbandonare il movimento di Rothenfels, richiesta che manifesta una certa diffidenza della Chiesa rispetto al movimento. Egli rinuncia alla cattedra, fedele a Rothenfels e ancora incerto su come dedicare le proprie capacità.

Quella che può sembrare indecisione, è invece una fedeltà alla propria via: Guardini riceve nel 1923 una grande opportunità dal Ministro dei Culti (e dell'Istruzione) della Prussia: una cattedra di *Weltanschauung* (visione-del-mondo) presso l'Università di Berlino. Occorre dire che il contesto non è molto favorevole: a Berlino vi è un forte clima laicista e tendenzialmente protestante. Il suo corso inizialmente è sconosciuto ai più e ha poca risonanza. Inoltre vi è per Guardini il problema di strutturare un programma di una disciplina non ben definita e con poche esperienze precedenti.

Punto di partenza per la visione di fondo del suo corso è una concezione che Guardini riprende da Scheler:

> Guardini deve un notevole fattore della sua *Weltanschauung* a quello stesso caposaldo [di Scheler], secondo cui il mondo può essere contemplato in modo vero, interpretato in modo esatto e sostenuto sensatamente solo se si parte da Dio.[15]

Per questo motivo egli si discosta sempre dalla concezione moderna di autonomia e di esasperata auto-considerazione dell'io.

Il neo-teologo inizia così a dare forma alla sua cattedra, rivelando le particolarità del suo metodo scientifico.

Una di esse è la dottrina degli opposti. Infatti:

---

[15] *Ibidem*, p. 168.

Si può comprendere lo spirito di Guardini solo esaminando la sua dottrina degli opposti. Essa fa parte dei primi tentativi di una interpretazione della vita, fatti già da studente (nel decisivo inverno 1905 a Berlino) e poi da giovane sacerdote; restò tale anche negli ultimi anni e se ne trova traccia in molti volumi. La si può considerare la struttura del pensiero guardiniano ed è quindi fondamentale, avendo essa anche servito nella vita del filosofo a resistere di fronte agli opposti, alle antitesi in lui stesso.[16]

Si tratta fondamentalmente di un metodo per osservare la realtà. L'unica vera affinità di metodo nella storia della filosofia la si può riscontrare in parte con la teoria del "medio fra due estremi" di Aristotele.

L'opposizione per Guardini non è solo un fatto logico, ma è un fatto di vita: lo si trova concretamente nella realtà e dunque lo si riconosce nel pensiero.

Il fondamento del suo pensiero è ontologico e gli consente di correggere anche alcune prospettive che non condivide, come quella sulla persona come la intende Max Scheler:

In modo analogo Guardini supera anche il concetto di persona di Scheler, per il quale la persona stessa è il centro di azioni dinamiche, solo un complesso di atti: anche per Guardini la persona deve essere percepita intuitivamente, con un riferimento, in sé non deducibile, alla sua manifestazione dinamica; da qui però egli risale al problema del suo essere, della sua autosussistenza metafisica, e la coglie anche ontologicamente, per integrare la sua fenomenologia.[17]

Veniamo al titolo della sua cattedra: *Weltanschauung* cattolica. Il titolo, come già sottolineato, richiede tutta l'abilità di Guardini per strutturare un percorso adeguato che non emerga come apologetica cattolica. Ne risulta che la cattedra permette a Guardini di esprimere quanto gli è più proprio, anche per molto tempo (34 anni complessivi di insegnamento). Egli struttura un corso a cavallo tra filosofia e teologia, portando le due discipline ad un proficuo incontro. È Guardini stesso a spiegare questo orientamento:

Mi permettano di formulare ancora una volta l'oggetto di questo incarico di insegnamento: non si tratta della storia, della psicologia o della tipologia di possibili *Weltanschauungen*; ma non è neppure semplicemente la teologia o la filosofia: è invece l'incontro della fede cristiana con il

[16] *Ibidem,* p. 287.
[17] *Ibidem*, p. 305.

mondo. Sono i problemi che la coscienza del mondo pone alla fede e d'altra parte l'apertura di questa coscienza a partire dalla fede.[18]

In tutto questo, la sua cattedra rimane sempre aliena da un impegno strettamente politico o sociale, interessandosi solo dei fondamenti di tale agire.

Dunque si tratta di una fede che giudica la realtà, il mondo, senza essere da essa giudicata; una fede sempre ecclesialmente connotata, sempre in modo cattolico. Cattolico non è ciò che si oppone alle altre confessioni o ideologie, ma è ciò che è capace di "comprensione", di intuire la globalità originaria (secondo il significato greco della parola). In questo Guardini si trova pienamente nel solco della tradizione.

L'insegnamento di Guardini a Berlino ha inizio in circostanze non proprio favorevoli, lo ricordiamo. Egli non ha ancora alle spalle una esperienza accademica sufficiente e la cattedra non ha ancora una struttura stabile; inoltre l'ambiente non è per nulla favorevole al suo insegnamento e ai suoi temi.

Guardini ricorda più tardi quei difficili inizi:

> Gli inizi furono molto difficili e mi trovai completamente solo, senza alcun sostegno spirituale o personale, nella grande università. Il lavoro procedeva con molta tranquillità; adesso si è creata comunque una certa tradizione e le mie lezioni sono ben frequentate. Sono riuscito, senza suscitare polemiche o inimicizie, a creare una rappresentanza del tutto chiara ed energica al mondo della fede cattolica, come spero, che viene ascoltata anche da coloro che la pensano diversamente.[19]

L'attività ordinaria di Guardini è pressoché la seguente:

> Guardini teneva di solito tre lezioni alla settimana, in prevalenza alle sette di sera, e inoltre svolgeva due ore di esercitazione, con tematiche sempre differenti. Ciò richiedeva una preparazione di base durante i periodi di vacanza ed inoltre la predisposizione immediata della lezione pomeridiana, che Guardini faceva di solito tra le quattro e le sette del pomeriggio nella sala di lettura della Biblioteca di Stato, da lui tanto amata.[20]

La lezione non è per lui solo uno sforzo intellettuale, ma anche fisico ed emotivo, a cui tiene molto. Non può sopportare qualsiasi genere di disturbo nell'aula, sia che uno studente mangi, entri in ritardo o semplicemente non dimostri attenzione. Egli

[18] *Ibidem*, p. 310.
[19] *Ibidem*, pp. 320-321.
[20] *Ibidem*, p. 323.

talvolta rimprovera duramente gli studenti o ripete le lezioni a causa di questi motivi, ottenendo così attenzione e silenzio assoluto durante la sua esposizione.

Anche la modalità di dialogo durante la lezione è importante: oltre al silenzio e alla partecipazione, occorre evitare obiezioni, domande con il "se" e con il "ma". Lo scopo è chiarire o migliorare la comprensione della materia.

Guardini in realtà non ha le conoscenze disciplinari per affrontare un ambito così ampio. Fa la scelta di interessarsi alle questioni in sé, di volta in volta proposte, andando a ricercare i testi necessari e lavorando a partire da essi anche senza una preparazione settoriale. Accetta questo rischio, che talvolta lui chiama presunzione, ottenendo un particolare successo.

Fra i temi delle sue lezioni (per semestri) in quegli anni troviamo: "Dio e il mondo", "Esercitazioni sulla critica contro il cristianesimo nel XIX secolo", "Cristianesimo e cultura in relazione alla problematica di Sören Kierkegaard", "L'elemento religioso in Platone", "I consigli evangelici e l'ordinamento cristiano del mondo", "Michel Montaigne", "Cultura e lavoro nel Nuovo Testamento", "Finitezza ed eternità" (sullo Zarathustra di Nietzsche), "L'elemento religioso in Shakespeare", "La morte di Buddha", "Il problema della morte. La risposta platonica e quella cristiana".

A Berlino riceve anche diversi attacchi rivolti al suo insegnamento.

Durante quegli anni Guardini soffre di problemi di salute in vario modo. Una buona parte sono probabilmente di natura psicosomatica, dovuti all'affaticamento: problemi allo stomaco, alla testa e ai reni che talvolta lo costringono a dover sospendere l'attività.

Il grande male di cui tuttavia Guardini è affetto è la malinconia. A questa malattia egli dedica una delle sue opere: *Il ritratto della malinconia*. La malattia è per lui stesso un peso di origine, dovuto forse a un distacco dalla madre non pienamente riuscito. Per Guardini si tratta non tanto di una malattia psichica, ma la sua radice è soprattutto di natura spirituale.

La malinconia ha la capacità di spegnere nell'uomo tutte le forze positive; tuttavia egli afferma che si può utilizzare questo peso per costruire la propria vita spirituale, trovandone anche salvezza e risanamento. Egli addirittura arriva a definirla come una "parete a parete con Dio". Si tratta di reggere questo ambito limite.

> Senza dubbio Guardini ha dovuto sopportare fino alla fine della propria vita la sua predisposizione alla malinconia. Il chiarimento teorico è stato per lui certo un aiuto ad affrontare in genere tale situazione; tuttavia egli ha dovuto sempre e continuamente sopportare le fasi della mancanza di senso. Guardini sapeva bene che la malinconia costituiva il prezzo per le sue straordinarie doti. Però il pagamento di questo prezzo gli costò sempre pesante fatica.[21]

Dunque la malinconia è sempre un peso per il teologo ma è per lui anche lo strumento per amplificare le proprie capacità e ottenere i risultati che conosciamo. Egli riesce a trovare una propria terapia efficace per questa malattia:

> Per il sofferente sarà determinante un incontro con qualcuno/qualcosa d'*altro* che *salvi*. Per Guardini questo altro fu la liturgia, cioè l'oggettività orante della tradizione della Chiesa cattolica, a partire dalla sua esperienza del rosario in un momento preciso, nel culmine di una crisi depressiva al centro della decisione vocazionale a Friburgo. [...]
> Guardini mantenne ferma la concretezza dell'atto redentivo di Cristo come presenza nella propria vita attraverso la liturgia. Così per lui la malinconia diventa la tensione polare dell'anima, minacciata dal male, ma pur sempre alla presenza ferma di Cristo. E questo fu anche il cuore della nota *Weltanschauung* di Romano Guardini. [...]
> La liturgia fu per lui autentica cura per la *sua* malinconia, ciò significa che nella liturgia c'è una centralità della corporeità come quando si impara il mondo sostenuti da una madre; ed è questo sostegno fisico che ci introduce nel *simbolo*, ricevere l'esperienza di Dio e uscire da un abbandono, da una solitudine che non è solo individuale ma ontologica.[22]

La sua attività di insegnamento conduceva a lui molte persone in cerca di consiglio, cosa che fa emergere anche il suo carattere sacerdotale. Molte persone si convertono grazie a lui; egli tuttavia sa anche indirizzare verso altri confronti, come ad esempio il suo amico Josef Weiger. Egli dimostra comunque una certa riservatezza, a volte timidezza, in questa attività di direzione spirituale: sono l'ascolto e il senso della verità le doti che lo rendono un buona guida.

---

[21] *Ibidem*, p. 362.

[22] G. FABRIS, *Pedagogia della malinconia*, in G. FABRIS – G. A. FACCIOLI (edd.), *Romano Guardini e la pedagogia. L'educazione come compito e valore*, op. cit., pp. 39-43.

Egli ordinariamente celebra la messa per gli studenti nella cappella di s. Benedetto. Anche questa è una occasione per poter parlare loro attraverso l'omelia. Della sua predicazione Guardini ci parla in questo modo:

> Ciò che avevo inteso fare, sin dall'inizio per istinto, poi sempre più coscientemente, era portare a risplendere la verità. La verità è una potenza; ma soltanto quando non si esige da essa alcun effetto immediato, bensì si ha pazienza e si fa conto sui tempi lunghi – ancor meglio, quando in assoluto non si pensa agli effetti, ma la si vuol illustrare per se stessa, per amore della sua grandezza sacra e divina. La rivelazione dice appunto: "Dio è luce" [Gv 1,5]; la luce è più che la verità; ma questa eccedenza sta appunto nella sua direzione, cosicché l'annunzio che fa risplendere la verità sacra, le apre la porta. Soltanto, come dissi, si deve pazientare; qui non dovrebbero contare i mesi, e neppure gli anni. E non bisogna avere alcuna mira particolare; se mai lo potrà essere, proprio qui l'assenza di propositi particolari è la forza più grande. È ciò che spesso ho sperimentato. Parecchie volte, specialmente negli ultimi anni, ebbi la sensazione che la verità mi stesse dinanzi come un essere concreto.[23]

Come già accennato, l'attività di Guardini dopo il 1920 comprende anche l'impegno per il castello di Rothenfels sul Meno e per il movimento giovanile.

Egli viene inizialmente invitato nel 1920 a un convegno del "Quickborn" (il movimento giovanile) a Rothenfels durante l'estate. Inizialmente a disagio per la vivacità giovanile, presto Guardini si ambienta con il nuovo contesto e ne trova giovamento per sé. Guardini ha 35 anni e dunque si colloca subito nell'ambito di un ruolo educativo nei confronti dei giovani che incontra, che dimostrano un grande potenziale.

I giovani radunati a Rothenfels si distinguono per il superamento dell'ottica borghese propugnata dalla società e dalla cultura e sono mossi da un desiderio di libertà e di una forma migliore di vita.

Il "Quickborn":

> Aveva in comune con il movimento degli "uccelli migratori" il modo di vita chiaramente rivolto ai giovani: astinenza, camminate, una voluta semplicità e veracità della vita, del linguaggio, del pensiero, la riscoperta della canzone, della danza, del gioco. Ma a ciò il "Quickborn" aggiungeva determinate correzioni proprio nell'idea dell'autodeterminazione; la sua caratterizzazione propria era dovuta ad un libero legame alla tradizione religiosa, anzi ecclesiale

---

[23] H. B. GERL, *Romano Guardini*, op. cit., p. 351.

> […] Il rapporto di questi movimenti con la religione e la Chiesa era molto serio, anche se talvolta non privo di tensione verso le autorità ecclesiastiche. […] Il collegamento tra questi gruppi e la Chiesa non avvenne però semplicemente mediante la sottomissione, ma piuttosto mediante una riflessione sulla "autentica" forma della Chiesa e della fede in termini precisi, mediante una riscoperta della "essenza" di queste. Se il movimento cattolico giovanile, ed in particolare il "Quickborn", non avessero trovato delle autorità ecclesiastiche pronte ad aprir loro gli occhi e le orecchie, anzi tutta la loro corporeità alle verità tramandate, anche questa gioventù, sotto la legge del proprio dinamismo esuberante, probabilmente non si sarebbe potuta conquistare alla fede.[24]

Gradualmente il movimento cresce, anche in età, e oltre agli studenti delle superiori ed agli universitari, entrano a farne parte giovani lavoratori cattolici. I preti fanno parte del movimento non tanto come capi ma come fratelli in una unica comunità.

Il "Quickborn" ha origine nel 1909 nell'alta Slesia (ora una regione della Polonia), fondato da tre sacerdoti della zona. Il nome significa letteralmente "fonte pullulante", nome che il movimento si è auto-imposto. Inizialmente si tratta di un movimento maschile di giovani dai 12 ai 20 anni, ampliato poi anche alle ragazze. Il movimento si propaga rapidamente in tutta la Germania e comincia ad esserci l'esigenza di una sede comune.

Tuttavia, come già accennato, sia le autorità ecclesiastiche che le scuole non vedono di buon occhio il nuovo movimento, in quanto non ha ancora connotazioni precise. Questo non impedisce al movimento di crescere rapidamente e di raggiungere nel 1917 i 7000 aderenti.

La nuova sede del movimento viene offerta dal principe Alois von Löwenstein: si tratta del vecchio castello di Rothenfels. Il castello non è decadente ma manca di ogni agio necessario ad ospitare così tanti giovani (luce, acqua, servizi igienici…). Nel 1919 si decide di accettare la proposta e di acquistare il castello con fondi di auto-finanziamento. Con l'acquisto in breve tempo del castello il movimento ha così una sede rappresentativa e una certa rilevanza nell'ambito della Germania dell'epoca.

Nel 1920 dunque Guardini entra a contatto con questa realtà. Ne rimante colpito:

---

[24] *Ibidem,* pp. 178-179.

Non ho mai trovato un simile atteggiamento di serietà nel considerare le verità di fede, la realtà ecclesiale e lo spirito di Cristo da parte di una grande massa.[25]

Da quell'estate, Guardini rimane conquistato dal movimento e decide di dedicarsi con impegno ad esso. La sua attività viene molto apprezzata da diversi gruppi, anche attraverso la parola scritta, e Guardini stesso trae grande profitto dalla sua attività con i giovani.

Ecco la testimonianza di uno dei giovani presenti nel 1920, Josef Pieper:

Ho visto allora, nell'agosto 1920, per la prima volta Romano Guardini, da una certa distanza nel cortile interno della Rocca di Rothenfels, nella Franconia, sul Meno, in mezzo a una schiera di alcune centinaia di giovani e di ragazze, che lo ascoltavano mentre parlava a noi, in silenzio e come affascinati. Tutte le volte che oggi penso a Rothenfels, penso nello stesso tempo a Guardini e quasi soltanto a lui. Con la sua stupefacente forza di irradiazione fin dal primo momento egli metteva in ombra tutti gli altri, anche per esempio Bernhard Strehler, senz'altro personalità ben spiccata e molto amata; quest'ultimo divenne poi una figura quasi tragica di fronte all'esperienza, che lo sbigottiva, di questa lega giovanile, creata proprio da lui stesso, che ora superava con terrificante veemenza le sue origini borghesi e ben pensanti e metteva senza riguardi da parte il fondatore stesso, dimenticandolo addirittura. Ad un certo momento per questa trasformazione, che prese noi stessi quasi come una forza naturale, secondo la nostra convinzione esistette ormai soltanto una figura simbolica: Romano Guardini ... Ci affascinava ciò che non avevamo mai percepito prima e quanto quest'uomo sapeva dirci, con un modo di parlare quasi incredibilmente semplice. Naturalmente trovavamo anche molto pittoresco il fatto di accoccolarci in terra, intorno ad una candela accesa, per parlare tutti in cerchio, di sera. Ma ciò che veramente ci trascinava era il fatto che durante queste conversazioni serali, che duravano ore, nelle parole chiare tuttavia del tutto oggettive e sobrie di Guardini, pur nella commozione interiore, fino a quel momento non sospettavamo neppure, ma che poi afferrammo subito con passione.[26]

Guardini si dimostra una figura chiave del movimento sin dai suoi primi interventi. Già nel 1921 era determinante per l'esperienza del Castello. Egli coglie l'essenza del "Quickborn" ed il suo vero fine anche al di là del semplice fattore "giovanile".

Le resistenze da parte ecclesiastica sono forti: si parla addirittura di insegnanti di religione che impediscono alle ragazze di partecipare al movimento, a causa della

[25] *Ibidem,* p. 192.
[26] *Ibidem,* p. 195.

vita comune fra i due sessi; oltretutto pochi vescovi si dimostrano benevoli con la nuova esperienza.

A Guardini si deve una purificazione del "Quickborn": egli infatti sa accogliere l'impeto e l'entusiasmo giovanile per una vita nuova, ma sa anche coglierne i limiti e la temporaneità, incanalandola verso forme di comunità più stabili e durature nel tempo. Soprattutto con Guardini diviene più chiaro l'orientamento ecclesiale del movimento. Il movimento si assume compiti di educazione religiosa e sociale, ed in parte anche politica.

Nel 1924 Guardini fa fare un altro passo avanti al "Quickborn": da semplice movimento giovanile, con il passare degli anni e il crescere della componente adulta, si passa a una forma di movimento culturale.

Ecco un'altra testimonianza significativa di quegli anni:

> Durante i pasti egli sedeva tra i giovani e dove era seduto si sentivano sempre schiette risate, perché irradiava una vigorosa allegria – qualcosa di tanto semplice, da far pensare difficile credere a quell'elemento demonico, che emerge durante i suoi discorsi. Conserva sempre la calma, anche quando parlano degli stupidi, rispondono in modo insulso, non interrogati, alle cose più belle da lui dette. Allora tace un momento col volto impassibile e poi risponde cortesemente. Io penso che egli consideri anche il più saggio tanto sciocco, rispetto al divino, da non ammettere per nessuno – e meno che mai per se stesso – il diritto di essere orgoglioso verso chi mostra grossolana stoltezza.[27]

Nel 1926 Guardini diviene l'unico direttore del Castello e del movimento, ovviamente accompagnato da alcuni consiglieri. Con lui alla guida, le settimane di lavoro estivo divengono punto normativo di tutto il movimento. L'indirizzo del movimento è chiaro:

> Il motivo più profondo che ci unisce, è il fattore religioso. Inizialmente esso era molto forte, forse troppo forte. Poi venne un periodo in cui esso passò in secondo piano, mentre venivano avanti i problemi culturali. Ora dobbiamo riflettere nuovamente a questo punto centrale, che per noi è il più vivo. Il "Quickborn" è religioso, credente, oppure in assoluto non esiste.[28]

Il suo metodo educativo è sapiente ed egli desidera comunicarlo anche alle guide dei singoli gruppi, come dimostrano queste parole del 1929:

---

[27] *Ibidem*, p. 219.
[28] *Ibidem*, p. 221.

> Noi abbiamo [...] riflettuto sull'educazione: come formiamo noi stessi e coloro che ci sono affidati; come collaboriamo al compimento possibile. Al tempo stesso dobbiamo sempre presupporre una cosa: il mistero della nascita. Ciò che abbiamo sempre detto ha il suo senso soltanto entro il fatto che quest'uomo vivente è qui. Il suo esser-ci è tratto fuori dall'educazione. Egli si inoltra con leggi, energie, esigenze. Tutto ciò si trova qui. Noi non lo conquistiamo, ciò era con noi "prima" che noi fossimo. [...]
>
> È un mistero che noi ad un certo punto abbiamo iniziato ad essere, come questi uomini. Qui abbiamo accolto in noi la nostra realtà: possibilità e limiti. E ciò che qua è diventato, ha iniziato a muoversi e a creare.
>
> Questa è la nostra gioia e il nostro peso. E tutto ciò che si definisce educazione, significa soltanto servire, aiutare, liberare, rimanendo all'interno di questo mistero. Lì esso ha la sua chiarezza.[29]

Guardini ha anche il merito di aver condotto una educazione liturgica per i laici in quegli anni. Egli infatti è ormai esponente del movimento liturgico, dopo il suo successo editoriale *Lo spirito della liturgia*, e sa declinare le novità portate da questo rinnovamento anche nella vita comune dei giovani, soprattutto attraverso l'educazione della corporeità: il respiro, lo stare in piedi, il tacere e la recita sono punti di educazione delle settimane di lavoro a Rothenfels. Anche le attività esterne come lo sport, la danza e le camminate fanno parte di un progetto di valorizzazione del corpo in ambito cristiano.

Guardini ha anche una grande attenzione all'ambiente del castello di Rothenfels. Egli, infatti, quando diviene direttore comincia a preoccuparsi direttamente della ristrutturazione e dei lavori interni. Essendo figlio di una famiglia di commercianti, ha ereditato una buona capacità di rintracciare sovvenzionamenti e fondi nonché di gestire direttamente i lavori.

Guardando retrospettivamente tutta l'attività vissuta al Castello, Guardini riflette così:

---

[29] H. B. GERL, *"Il cuore è lo spirito in prossimità del sangue". Romano Guardini educatore*, in G. FABRIS – G. A. FACCIOLI (edd.), *Romano Guardini e la pedagogia. L'educazione come compito e valore*, op. cit., p. 24.

L'impressione fu profonda, e ha determinato la mia vita sotto vari aspetti. Non solo perché ho passato a Rothenfels tutto il tempo lasciatomi libero dall'Università di Berlino, ma anche perché il castello è diventato un simbolo per me. Questo simbolo, ora, è rimasto vivo per più di quarant'anni e continua a vivere: ciò significa certo non poco per un uomo che non è molto lontano dagli ottant'anni.

Ho cercato di riassumere in poche parole che cosa questo simbolo abbia significato e continui a significare per me. In fondo tutto mi si è concentrato in tre parole: fede, libertà e responsabilità come realizzazione di tutto ciò che è degno di venir realizzato; la responsabilità come consapevolezza che noi dobbiamo rispondere a Dio delle nostre azioni.

Il Castello è per me il luogo dove si sono sempre cercate delle vie per vivere la fede, la libertà e la responsabilità. Ciò è avvenuto in modi diversi perché Rothenfels è cresciuto prendendo nuove forme nelle varie fasi. Cercherò di delinearle, senza teoria né polemica, come mi appaiono retrospettivamente.

"Rothenfels" fu fondato come castello per i giovani, ossia come un luogo dove si poteva vivere una vera gioventù in un mondo borghese, ma anche già scosso. Ciò avvenne nella corrente di quel grande fiume che si chiama movimento giovanile ed è già passato alla storia. Si scoprì che cosa sono la natura, la comunità, la gioia onorata e per tutto ciò si cercarono forme autentiche e belle. Oggi questo ci sembra forse un po' romantico, ma quelli che c'erano allora sanno quanto ciò fosse autentico e limpido.

Per tutto questo ci occorreva un ambiente che ci appartenesse: fu il Castello. Da qui dovevano sorgere come immagini derivate in tutto il paese dei "nidi". L'astinenza dall'alcool e dal fumo doveva corroborare con una certa severità la vita nel Castello. Il rapporto di reciprocità era espresso, per coloro che non si davano del "tu", con il "voi", forma oggi dimenticata. (...)

La conformazione e l'ordinamento del Castello spettavano interamente alla Lega, ossia ai giovani stessi, senza altro fine che di costituire lo spazio per la loro crescita di vita.

Per alcuni anni le cose andarono così. Poi iniziò una crisi. Il gruppo portante divenne più anziano e capì che cosa significa non vivere soltanto, ma creare un'opera, non realizzarsi soltanto, ma effettuare qualcosa. Si vide nel Castello sempre più un compito che doveva essere funzionale nelle sue strutture e bello nelle sue forme. Si voleva un ordine affidabile anche per l'aspetto economico. Riguardo ai convegni, che prima costituivano l'espressione somma della vita dei giovani, si fece strada il pensiero che vi si dovesse esprimere il confronto con i compiti della vita e i problemi del tempo.

Ne vennero parecchi contrasti tra coloro che volevano mantenere il Castello come era stato fino ad allora e dicevano agli adulti di cercarsi altrove la sede per i propri intenti e coloro che ritenevano di avere pure dei diritti sul Castello e che ne volevano fare un luogo di vita e creazione da adulti. Vi si aggiunse la sempre crescente consapevolezza che coloro che vedevano in Rothenfels la loro casa non erano soli al mondo. Vi erano altri, sia come singoli, sia come associazioni che cercavano le stesse cose: si dovevano avere contatti e scambi con loro.

Convergendo tutto ciò, si cominciò a vedere il Castello in un modo nuovo. Si doveva preservarlo

dai ripetuti ricominciamenti, dai riordinamenti e dai cambiamenti e doveva divenire un luogo coerente di vita nella fede, di liberazione interiore e confronto con i problemi del tempo.
A esprimere ciò, il Castello fu staccato dal rapporto diretto con la Lega, prese una veste autonoma ed ebbe la direzione di un responsabile, che a sua volta si creò una cerchia di collaboratori. La Lega continuava certo a vedervi il proprio "focolare", rinunciando però ad influire direttamente sulle caratteristiche di esso, considerandolo un'opera obbligata a servire uno scopo.
In questo periodo si creò molto. Già prima la vita a Rothenfels aveva dato spunti a tutto il paese, influenzando il pensiero della gioventù cristiana, le concezioni ed i metodi pedagogici, il modo di coltivare la musica e la vita di società. Ora ciò continuava a livello più maturo.
Guardando ciò che la Chiesa dice e decide sulla vita liturgica nel Concilio in corso, vediamo che molto ne è stato già concepito, esperimentato e realizzato a Rothenfels. Ho pensato anche talvolta che quanto significa democrazia, quella che è la più difficile delle costituzioni, la quale deve sempre essere ricreata a nuovo sulla base della fede nella dignità dell'uomo, con libertà ed insieme responsabilità, sia già stata una realtà nelle ore migliori del Castello.
Al lavoro di Rothenfels si è spesso rimproverato l'insufficiente impegno per la formazione politica. Ciò sarà certo vero. È l'errore comune all'azione giovanile, e in seguito una delle più forti ragioni di non aver riconosciuto cosa fosse il nazismo nella sua essenza; proprio questo movimento politico si è poi riappropriato di parecchie idee e forme dal Castello, falsandone però anche il contenuto. Qui vi è molto da ricuperare.
La pretesa nazista costituì un grande pericolo per il Castello. Con grande fatica, molto senno e parecchi sacrifici si riuscì tuttavia a mantenerlo attivo sino all'anno 1939; poi fu confiscato.[30]

Il castello di Rothenfels riesce ad avere un'attività regolare fino al 1933: da quell'anno fino al 1939 comincia a farsi sentire la presenza del regime nazista. La sorte del "Quickborn" invece è più infelice ed esso viene formalmente sciolto nel 1933.

La resistenza del Castello non è senza difficoltà: la pressione delle autorità naziste è forte ed il rischio non è solo quello di chiudere ma anche quello di cedere negli intenti e nel metodo per adeguarsi alla situazione. Ma ciò non avviene: pur con molte difficoltà la vita del Castello continua quasi in modo regolare fino al drammatico 1939. È necessario dedicarsi a un lavoro solo in ambito religioso e soprattutto non ci si può più occupare della gioventù.

La situazione si aggrava quando nel 1933 il Castello diviene sede del FAD (volontari del lavoro) che si occupa della canalizzazione del Meno. Le autorità

---

[30] *Ibidem*, p. 275.

naziste hanno modo di aumentare la sorveglianza sulle attività del Castello ed esse riescono a svolgersi soprattutto grazie all'aiuto importante di Lene Waltmann. Un breve resoconto di Guardini sull'apporto della Waltmann al Castello:

> Nei vent'anni della propria attività (1919-1939) il Castello è stato sempre gestito con il più deciso spirito cristiano e democratico. Così esso divenne uno dei principali centri di formazione antinazista e ciò richiamò ovviamente dei sospetti. Si può provare che i nazisti esercitarono una continua sorveglianza e pressioni di ogni genere, mentre aumentava sempre più il pericolo di confisca. Per evitare ciò nel 193? [sic!] la signora Waltmann si decide a chiedere l'iscrizione al partito nazionalsocialista. Questa iscrizione le fu concessa nello stesso anno 193?, ma retrodatata nel 1933. Più tardi ella dovette anche assumersi la direzione della cellula del movimento femminile nazista al Castello, avendo il governatore della provincia minacciato di procedere contro il Castello stesso, se in esso non fosse sorta una cellula del movimento femminile. Ogni iscritta può testimoniare del modo in cui la signora Waltmann guidò questo gruppo del movimento femminile, che in realtà assomigliava più ad una associazione femminile cristiana che non a un gruppo politico: per esempio le gite prendevano il carattere di pellegrinaggi e le conferenze riguardavano sempre problemi generali di etica. Nel 1939 la signora Waltmann fu deposta dal suo incarico e addirittura cancellata dalla lista del movimento femminile.
>
> Se il Castello di Rothenfels poté mantenere fino all'autunno 1939 il suo carattere del tutto antinazista e svolgere un lavoro corrispondente, ciò si deve in buona parte al fatto che la signora Lene Waltmann poté, grazie alla sua appartenenza al partito ed al suo incarico nel movimento femminile, attenuare continuamente le tensioni, parare gli attacchi e attuare contromisure. Lene Waltmann, pur essendo appartenuta al partito nazista ed avendo guidato la cellula del movimento femminile del Castello, è stata una oppositrice del nazismo molto più decisa di tante altre donne, che, pur non aderendo al partito, non hanno però fatto nulla per influire sugli avvenimenti.
>
> Il partito e la Gestapo si sono resi esattamente conto di questo, e ciò risulta dal fatto che hanno sottoposto la signora Lene Waltmann e il marito a gravi svantaggi. Così nel 1939 furono sfrattati dall'appartamento che occupavano nel Castello, privati del diritto di risiedere nel comune, mentre veniva loro tolta la gestione della attività della stessa rocca e venivano confiscati i loro conti in banca. A ciò si aggiunge la continua minaccia di arresto e tutta una serie di gravi pressioni morali.[31]

Il Castello può così continuare la sua attività cristiana anche in periodo nazista, fino allo scoppio della seconda guerra mondiale, quando il Castello viene definitivamente requisito e confiscato.

---

[31] *Ibidem*, pp. 278-279.

1.5 La Guerra e la sospensione forzata delle attività

Nel 1939 dunque Guardini riceve due colpi molto pesanti per la sua attività: da un lato avviene la confisca di Rothenfels, dall'altro l'abolizione della sua cattedra all'Università di Berlino. Egli viene separato da tutte le sue attività principali.

La motivazione è chiaramente il fatto che non tanto egli faccia propaganda, piuttosto il suo insegnamento è indirettamente sfavorevole al regime.

Il lavoro di Guardini continua nella riservatezza della sua stanza, salvo alcuni interventi esterni non istituzionali. Col passare del tempo però la permanenza di Guardini a Berlino diventa difficile: i bombardamenti sulla città gli causano problemi fisici ed egli è costretto a cercare rifugio in un altro luogo. Nel 1943 l'ex docente si trasferisce nella tranquilla Mooshausen presso l'amico Josef Weiger, da cui rimane fino al termine della guerra. Le limitazioni sono ancora più nette per lui, tuttavia ha occasione di trovare riposo e recuperare le forze.

Questa interruzione forzata delle attività muove Guardini alla sua produzione editoriale: diversi sono i libri e gli scritti minori che egli completa in questo periodo. È innanzitutto un'esigenza di ordine per la sua vita, in mezzo ai tristi avvenimenti che lo circondano. Ecco alcuni titoli di quel periodo: *Holderlin. Immagine del mondo e religiosità*, *Sulla interpretazione dell'esistenza di R. M. Rilke*, *La morte di Socrate*, *Inizio. Una interpretazione dei primi cinque capitoli delle Confessioni di Agostino*, *Mondo e persona*, *I Novissimi*, *La rivelazione*, *Gesù Cristo. La sua immagine negli scritti del Nuovo Testamento*, *Una parola sul problema liturgico*, *Il Rosario della Madonna*, *La Madre del Signore*, *L'adorazione*, *Introduzione alla preghiera*, *Il Salvatore nel mito, nella rivelazione e nella politica*. Quest'ultima opera è significativa per la critica ad Adolf Hitler e alla triste esperienza del nazismo.

1.6 La ripresa dell'attività accademica: Tubinga e Monaco

Con la fine della guerra si aprono per Guardini nuove possibilità: gli viene offerta dal Ministro dei Culti e dell'Istruzione del Württenberg una cattedra *ad personam* in *Weltanschauung* presso l'Università di Tubinga. Egli accetta senza esitare, dato anche il legame che ha con la città. Il ritiro presso Mooshausen è ormai inadeguato e il ritorno al lavoro accademico è importante per lui.

Le condizioni di lavoro nel dopoguerra non sono le migliori. Egli abita in una stanza provvisoria dove deve fare tutto.

Inoltre in università si trova isolato come a Berlino: l'ambiente di teologia è protestante e lo rifiuta mentre i colleghi di filosofia vedono la sua materia come a cavallo tra due discipline.

Anche la reazione degli ascoltatori è simile all'esperienza di Berlino: egli ottiene un buon successo, si parla di schiere di persone alle sue lezioni. Egli concepisce come compito del suo insegnamento quello di dare un nuovo orizzonte alle generazioni disilluse dall'incubo nazista.

> Per questa gioventù disillusa, ma improvvisamente "disponibile" il problema era di trovare nuovi capi, capaci di indirizzare al bene l'ardore e l'ambizione che cattivi pastori avevano usato per la sua rovina. (...) Guardini si diede risolutamente a quest'opera di rinnovamento interiore.[32]

Nel 1948 il Castello di Rothenfels viene riconsegnato, ma Guardini non ne è più alla guida, viene piuttosto nominato un successore. Anzi Guardini si tira indietro da qualsiasi ruolo organizzativo e si limita ad intervenire varie volte nelle settimane di lavoro al Castello. Probabilmente il grande ostacolo di Guardini è l'età (nel 1948 ha 63 anni) come si nota in questa sua dichiarazione:

> Rothenfels ha avuto una tale importanza nella mia vita e, nonostante tutto, l'ha ancora, che io sarei sempre occupato [...] negli ultimi anni ho potuto adeguarmi alla "causa Rothenfels" solo tenendomene completamente lontano. Anche il tentativo di occuparmi della "Cerchia di Rothenfels" mi ha dimostrato che io mi devo inserire veramente o restarmene lontano [...]. Se avessi vent'anni di meno, vi sarei rientrato già da tempo, e anche bene. Ma così non va.[33]

Infine nel 1948 continuerà il suo insegnamento di *Weltanschauung* a Monaco. Le sue lezioni, in ogni città insegnasse, sono sempre molto frequentate e vissute con grande attenzione. Continuerà la sua attività di insegnamento in università fino al 1962. Ecco alcuni temi affrontati da Guardini in quegli anni (un semestre per tema): Platone, Pascal, Hölderlin, Rilke, Dante, Agostino, poi alcuni semestri di etica e escatologia.

---

[32] H. ENGELMANN – F. FERRIER, *Introduzione a Romano Guardini*, Queriniana, Brescia 1968, p. 15.

[33] H. B. GERL, *Romano Guardini*, op. cit., pp. 391-392.

L'insegnamento e la produzione di Guardini, pur spaziando fra numerosi temi, non si disinteressano della situazione in cui egli vive e, con linguaggio adeguato, sanno orientare il pensiero dei propri uditori verso la verità, anche nei confronti del potere.

> Grazie a Guardini, ci si rende conto della natura fondamentalmente religiosa dell'esaltazione della razza e della persona del Führer. Adolfo Hitler è riuscito anche troppo bene a confiscare per sé l'eterna aspirazione alla salvezza e l'istinto religioso della razza umana.[34]

Guardini ha a cuore l'Europa e ne ha una concezione ben precisa.

> L'Europa di cui parla non è affatto quella geografico-politica segnata dalle carte ma «una *entelèchia* vivente, una efficiente ed essenziale realtà spirituale». E tale Europa, la cui esistenza tanto gravemente importa all'umanità intera è «determinata in maniera decisiva dalla figura del Cristo».[...]
> Il cristianesimo soltanto ha permesso all'uomo di conquistare la coscienza di una libertà divenuta più grande e la coscienza stessa della sua dignità personale.[35]

Nel 1962 Guardini lascia l'insegnamento per assumere la posizione di emerito. Si pone il problema di una successione ad una cattedra così legata alla figura del teologo. Circolano nomi come Karl Rahner, Alfons Auer o Hans Urs von Balthasar. Si opta per il primo, che dà un taglio più specificamente teologico alle lezioni, e per questo ha meno risonanza.

1.7 Gli ultimi anni, la morte, l'eredità

Negli ultimi anni Guardini riceve anche onori e titoli di vario genere, che manifestano un riconoscimento della sua grandezza sotto diversi profili. In parte questo è anche il desiderio del docente emerito:

> Ho sempre avuto il desiderio profondo che la Chiesa volesse donarmi un piccolo segno del suo consenso al mio lavoro. Spero ora di non errare considerando come tale segno la nomina che la Santità Vostra mi ha concesso.[36]

Queste parole del 1952 sono un ringraziamento a Pio XII per il titolo di Prelato domestico pontificio, un segno del riconoscimento ecclesiastico per l'opera di Guardini.

---

[34] H. ENGELMANN – F. FERRIER, *Introduzione a Romano Guardini*, op. cit., p 22.
[35] *Ibidem*, pp.24-25.
[36] H. B. GERL, *Romano Guardini*, op. cit., p 410.

Altro riconoscimento è la chiamata di Guardini a far parte della commissione preparatoria del Concilio per la liturgia, incarico a cui deve rinunciare a causa dell'età.

Infine sotto il pontificato di Paolo VI gli viene offerta la nomina cardinalizia. Guardini rifiuta anche tale onore, per vari motivi che vanno dall'abbigliamento collegato al titolo a un immagine di Chiesa lontana da quella del movimento che aveva guidato.

Egli riceve riconoscimenti anche in altri ambiti e diverse organizzazioni vogliono Guardini come membro onorario.

Nonostante la malferma salute, Guardini vive a lungo. Negli ultimi anni tuttavia viene affetto da una malattia dolorosa, la nevralgia del trigemino:

> La malattia era insidiosa; essa compariva improvvisamente senza sintomi che la facessero presentire, ma si manifestava con veemenza; poi scompariva senza una ragione apparente e anche le medicine permettevano solo di attenuarla. Guardini sentiva la malattia talvolta come "per così dire dolore puro".[37]

Importante è anche la lettura che Guardini dà della malattia, come traspare da alcuni consigli che egli dà a un amico che soffre dello stesso dolore:

> Ponga l'accento della sua vita religiosa sulla fiducia, forse su una comunione di vita con il Signore crocifisso.[38]

Guardini comincia a spegnersi. Il 1° ottobre 1968 viene trovato privo di conoscenza in casa. Alla sera di quel giorno passa dal sonno alla morte.

La persona di Guardini cade lentamente in un oblio pubblico. Per molti anni non si ricorda più la sua opera e si smette di leggere le sue numerose pubblicazioni. Pare che questo autore stia emergendo nuovamente solo in questi ultimi decenni. Ne è una testimonianza questa citazione della sua biografa:

> Si onora un pensatore attraverso la riflessione. Infatti Guardini, grazie all'*opera omnia* in italiano edita dalla Morcelliana, dopo la sua morte diviene educatore e maestro della gioventù italiana, soprattutto nello sguardo sulla realtà vivente, sul nuovo che attende pronto ad agire nella

---

[37] *Ibidem*, pp. 419-420.
[38] *Ibidem*, p. 420.

tradizione.

Il 16 settembre 1959 nel diario si trova questa nota: "Nel cristiano ciò che decide tutto, assolutamente tutto, pensiero, azione, essere, è se la realtà di Dio viene sentita, s'egli sta nell'esistenza come il Reale, come in ultima istanza l'unico Reale. Tutto il resto ne viene determinato; quindi è vivo o solamente pensato, anzi parlato". Che sangue e spirito riescano a entrare in questa realtà, che *il* Reale divenga vivente nella tensione del cuore, è stato per tutta la vita lo sforzo di Guardini. Ogni generazione deve tenere nuovamente pronto il cuore a questa unione sempre nuova di sangue e spirito. Il mio desiderio è quello di schiudere la filosofia e la teologia del cuore di Guardini alla gioventù accademica italiana, di aprire alla fiducia e al rischio del pneuma divino.[39]

Anche questa tesi ha lo scopo di riportare in luce la ricchezza di questa persona, attraverso le fonti biografiche disponibili e alla ben più nutrita bibliografia delle sue opere. La ricchezza di Guardini è un tesoro per noi in quanto la sua testimonianza di prete, educatore e insegnante è quanto mai attuale e può illuminare col suo esempio e col suo sguardo anche il nostro modo di servire la Chiesa e le persone che incontriamo ogni giorno. La sua produzione inoltre permette a chiunque di accostarsi a tutti i grandi temi della teologia, della spiritualità, della filosofia, della letteratura mondiale, della pedagogia in quanto Guardini affronta in modo valido tutti questi temi con un linguaggio accessibile e con uno sguardo puro e aperto, lasciando a volte trasparire la sua personale esperienza. Il tema della persona che ora mi accingo ad affrontare ne è un esempio.

---

[39] H. B. GERL, *"Il cuore è lo spirito in prossimità del sangue". Romano Guardini educatore*, in G. FABRIS – G. A. FACCIOLI (edd.), *Romano Guardini e la pedagogia. L'educazione come compito e valore*, op. cit., p. 32.

2. La persona in Romano Guardini

Nell'Introduzione, ho già anticipato l'importanza di questo tema all'interno della produzione di Guardini.

Persona è un concetto sintetico che detta una particolare visione dell'uomo. In realtà la prospettiva in Guardini può essere anche ribaltata: dalla visione che l'autore ha del mondo si deduce la sua visione di persona.

Egli, come docente di Filosofia della Religione a Berlino, crea e promuove una vera e propria *dottrina della Weltanschauung* (visione del mondo) *cattolica*. Essa

> è l'immagine del mondo, come si mostra se si guarda dal punto visuale della Rivelazione, cioè il contesto di quelle chiarificazioni che i problemi immediati del mondo ricevono dalla Rivelazione o viceversa indica il contenuto delle risposte alle quali la Rivelazione è sollecitata dalle domande circa il mondo.[40]

La *Weltanschauung* cattolica dunque è la luce della Rivelazione che consente di conoscere il mondo, con le sue realtà proprie, i suoi valori, le sue situazioni, i suoi oggetti. Essa consente di conoscere anche che cos'è la persona umana.

2.1 Cos'è la persona

L'opera fondamentale di Guardini sul tema della persona è certamente *Mondo e persona*, da cui prendo buona parte delle riflessioni di questo capitolo, attingendo in vario modo anche da altri suoi scritti. L'opera si colloca all'interno del personalismo in quanto considera la persona nella sua autonomia come centro di riflessione. Tuttavia si distingue da altre forme di personalismo:

> Il personalismo cristiano si distingue da un personalismo che non ha riferimento religioso nel senso che scopre come la persona umana non può costituirsi nella sua piena responsabilità senza aver origine in un'altra persona. (...) Sarà compito di questo personalismo dimostrare principalmente che la libertà umana non potrà mai essere completa se non è fondata in Dio.[41]

Esiste un problema insito in una certa concezione della persona nella modernità: a partire dall'umanesimo si ha un rovesciamento di prospettiva e l'uomo diviene unità di misura della conoscenza. Il problema di Dio assume una nuova forma: la sua

[40] R. GUARDINI, *Persona e libertà*, op. cit., pp. 15-16.
[41] H. ENGELMANN – F. FERRIER, *Introduzione a Romano Guardini*, op. cit., p. 72.

presenza può diventare un limite alla sua autonomia, alla sua libertà. L'errore è proprio qui: la libertà dell'uomo non è assoluta, è invece una libertà creata; l'obbedienza a Dio non è soggezione bensì realizzazione piena della propria libertà.

La libertà è innanzitutto di Dio e si rispecchia nella creazione: egli crea per pura libertà. La piena padronanza di sé è la vera natura della libertà di Dio.

Dio crea l'uomo e lo chiama a una risposta. Per Guardini l'atteggiamento esatto di risposta a Dio è proprio il cristianesimo, che rende l'uomo pienamente libero. La chiamata che Dio fa all'uomo fonda la sua dignità di persona in quanto la costituisce come il Tu di Dio, o meglio, Dio si costituisce Tu dell'uomo. Il rifiuto di questa relazione non cancella la dignità personale, ma la rende una assurdità, un rinnegare la propria natura.

La persona è sostanzialmente il Tu di Dio.

2.2 La struttura dell'essere personale

L'intenzione di Guardini nella sua analisi sulla persona è quella di considerarla nella sua concretezza, come persona esistente. Il suo percorso è ascendente, dagli "strati" più bassi della persona a quelli più alti.

L'autore introduce il suo discorso sulla struttura della persona partendo dalla concezione di forma. Forma significa che «l'ente si distingue come realtà propria e unitaria tanto rispetto al complesso di tutto il resto, quanto rispetto a ogni fenomeno singolo in esso, e come tale si mantiene».[42] La persona è forma tra altri enti che hanno una forma, in qualche modo si tratta apparentemente di una cosa fra altre cose.

Procedendo per "strati", lo strato successivo della persona è quello della individualità. Essa è «il vivente in quanto rappresenta un'unità della costruzione e delle funzioni chiusa».[43]

L'individualità vive per affermarsi e lo fa in due modalità. La prima modalità è quella di crearsi un ambiente, ovvero «il compendio di tutti quegli elementi

[42] R. GUARDINI, *Mondo e persona*, Morcelliana, Brescia 2000, p. 136.
[43] *Ivi.*

dell'intero del mondo, che hanno importanza vitale per il singolo essere».[44] Egli compie una selezione attraverso i suoi organi di senso e di attività oppure attraverso lo stringere relazioni con altri individui che sostengano i suoi bisogni vitali o che invece ne abbiano bisogno. In ogni caso c'è la riduzione del mondo agli scopi del singolo essere.

L'individuo inoltre si distingue nella propria specie per la propria derivazione genetica e per l'istinto a procreare.

L'individuo tende comunque a emanciparsi rispetto alla moltitudine. Questo è il suo valore ma anche il suo rischio: «Quanto più nettamente l'individuo spicca dal genere e dalla moltitudine, tanto meno è assicurato e garantito da quella parte. (...) L'individualità è un valore; quanto più si sviluppa, tanto meno sicuro diventa il suo sussistere».[45]

L'individualità si caratterizza per un suo proprio centro che è l'interiorità. Non si tratta di un centro situato in uno spazio preciso ma è piuttosto un centro qualitativo. Tra il mondo esterno e l'interiorità dell'individuo è posto un "limite" o "confine" che va "trapassato". Guardini utilizza questi concetti per spiegare il fatto che non si tratta di un rapporto di causalità fisica come quella che porta ad esempio alla disgregazione di una sostanza esposta a calore. Fa parte del patrimonio della vita.

Guardini riassume così:

> Questo ambito interno fonda l'individuo vivente in se stesso. Esso si distingue di contro al mondo, e costruisce di fronte a esso il suo ambiente. A partire da esso si distingue rispetto al genere e si afferma di fronte a esso come valore proprio.
> Nell'essere complessivo dell'uomo che sussiste come persona si trova anche lo strato dell'individualità viva. È per questa che esso è un vivente tra i viventi; essere singolo di contro al genere e anche agli altri esseri singoli che appartengono al genere.[46]

Terzo strato della persona è la personalità. Guardini la definisce «forma dell'individualità vivente, in quanto è determinata a partire dallo spirito».[47]

---

[44] *Ibidem,* p. 137.
[45] *Ibidem,* p. 138.
[46] *Ibidem,* p. 140.
[47] *Ivi.*

Qui emerge più chiaramente l'interiorità umana come determinata dallo spirito, dotata di coscienza e volontà. Ci si allontana decisamente dal mondo animale: «Coscienza in senso vero e proprio si trova soltanto quando il processo della percezione e la serie degli atti che si costruiscono su di esso sono determinati dal valore della verità»[48]. Anche per la volontà non bisogna confondersi:

> Autentica volontà si dà solo quando un organo della valutazione è toccato dal carattere di valore inerente nell'oggetto e dalla esigenza di senso che parte dalla situazione, intende tale valore come qualcosa che vale per sé stesso, prende posizione verso di esso e a partire di là procede all'atto.[49]

Nell'animale questo non avviene perché anche se si dà un'interiorità, capace di organizzare le percezioni, incanalarle nella memoria, organizzarle e fornire delle risposte, essa ha la sola funzione di fornire un'efficace prestazione di adattamento. Solo l'uomo invece si pone la questione del senso di ciò che avviene.

Lo stesso vale per il valore morale. Nell'animale ogni azione non è sottoposta ad alcun controllo morale e anche nel momento in cui si danno atteggiamenti simili tra uomo e animale, nel primo sono soggetti a un conferimento di senso totalmente diverso.

L'interiorità della personalità in sostanza esula da alcunché di meccanico o animale, ma comincia a far emergere una qualità diversa dell'esistenza, basata su volontà e coscienza.

Oltre a queste due caratteristiche, la personalità dell'uomo emerge per la propria capacità di agire e creare. Anche in questo caso usciamo dal campo della mera consequenzialità: si agisce e si crea

> Non per raggiungere un fine ma per rivelare un senso; non per costruire un oggetto d'utilità, ma per creare una forma capace di esprimere. Ciò avviene nella pura opera d'arte o nel simbolo autentico.[50]

L'opera d'arte è manifestazione di questa capacità dell'uomo. L'animale non riesce a tanto, nemmeno quando si esprime nel canto o nel movimento dove, secondo

---

[48] *Ibidem*, p. 141.
[49] *Ibidem*, p. 142.
[50] *Ibidem*, p. 143.

Guardini, esprime soltanto la natura. La vera opera di creazione si dà solo dove c'è lo spirito, la persona.

Anche la tecnica sviluppata dall'uomo, per Guardini, ha lo stesso fine "artistico" di espressione di un senso e non solo un fine funzionale. Nell'animale la tecnica, seppure perfetta per il proprio fine, come nel caso della costruzione di una tana o di una trappola, esprime solo la perfezione della natura. L'opera umana è meno perfetta ma scaturisce dallo spirito e per questo ha un senso. Il fatto stesso che talvolta la tecnica stravolga il senso naturale insito nel suo impulso, dimostra che l'essere che la pone in atto, la persona umana, è definito dallo spirito, cioè si trae fuori dalla natura stessa, ha in se il desiderio di un progetto più grande, che reca anche dei rischi.

L'interiorità umana dunque, coscienza, volontà, agire e creatività, si pone sul piano dello spirito e dunque sfugge a qualsiasi forma di dominio. In realtà, esula da tutto ciò che la circonda:

> La personalità compie la sua autodistinzione rispetto al contesto delle cose come anche del genere (umano) – anzi rispetto a tutto il resto. Poiché è a partire dallo spirito che essa ha cognizione di sé e di tutto l'altro.[51]

La personalità emerge per la sua distinzione dal tutto e come tale può starci di fronte, averne coscienza. Può incontrare il mondo e anche se stessa.

Qui si apre l'ultimo strato della persona, ovvero la persona in senso proprio. Tutti gli altri strati ci preparano alla vera e propria definizione di persona.

Per Guardini la persona è «l'essere che ha carattere di forma, interiorità, spiritualità, creatività, in quanto – con le limitazioni di cui si parlerà ancora – sussiste in sé e dispone di sé stesso»[52]. La persona in sé non può essere posseduta da nessun altro se non da se stessa; la persona in quanto tale si appartiene, anche se il suo essere psicofisico può essere di proprietà di un altro (come nel caso della schiavitù o della prestazione di lavoro).

La psichiatria rileva certamente disturbi della personalità. Guardini dichiara che tali disturbi riguardano le sole funzioni psicologiche che sono alla base della

---

[51] *Ibidem*, p. 147.
[52] *Ibidem*, p. 148.

coscienza e non la persona stessa. Anzi, l'orrore che la persona dimostra per tali disturbi ci mostra la sua profonda esigenza di unità.

La persona, intesa in questi termini, non è univocamente chiara. Lo stesso concetto di persona è stato sviluppato nel tempo grazie all'apporto della Rivelazione. Non è facile comprendere la specificità della persona perché di solito, secondo Guardini, la modernità trasmette un'idea di persona che è riducibile agli strati che abbiamo preso in considerazione: forma, individualità, personalità, ma quasi mai persona in senso proprio. La persona è messa in pericolo da molte sue riduzioni che vengono attuate anche ai nostri giorni e che attentano alla sua vita, alla vita dello spirito e alle sue esigenze fondamentali.

Lo spirito infatti può vivere solo grazie alla verità e al bene. Se il bene e la verità vengono tolti allo spirito, secondo Guardini, esso si ammala. Se lo spirito rinuncia alla verità e non la considera più vincolante, cade in una vera e propria malattia.

Lo stesso vale per la giustizia: rinunciare alla giustizia equivale ad ammalarsi.

Guardini prosegue applicando la stessa dinamica all'amore: rinunciare all'amore, allo staccarsi da se stessi e all'apertura significa divenire malati.

Fin qui l'autore ha considerato le esigenze della persona, dello spirito: verità, bene, giustizia, amore. Egli tuttavia sostiene che ancora non si tocca il nucleo della persona. Come già accennato, la persona innanzitutto sussiste in se stessa, consiste nella forma dell'autoappartenenza. Questo concetto è fondamentale in Guardini, in quanto costituisce una prima sintesi sull'essenza della persona. La riflessione precedente ha distinto i vari "strati" della persona umana, forma, individualità, personalità, nei quali si confronta con i vari livelli della creazione, quello materiale e quello animale. L'uomo tuttavia, proprio per la sua natura personale, si distingue da altre forme e da altri individui, realizzando il proprio essere persona anche negli "strati" inferiori, in quanto questi ultimi si inseriscono nella struttura di senso superiore e la realizzano. In sostanza, l'autoappartenenza della persona si rende evidente anche nel proprio essere forma e nella propria individualità.

Essere persona desta stupore. È un'evidenza che si mostra per la sua semplicità. Tuttavia è anche misterioso ed enigmatico il fatto che io sono io e nessuno può strapparmi da me, in fondo nemmeno io stesso. Io sono centro dell'esistenza, e pure l'altro lo è, in quanto ogni persona è un centro d'esistenza.

In un saggio precedente Guardini approfondisce il concetto di autoappartenenza.

> Essere-persona [sic] significa anzitutto autoappartenenza nel numerico: sono uno; sono solo uno; non posso esser raddoppiato.
> Essere-persona significa anzitutto appartenenza nel qualitativo: sono costui; sono solo questa persona; solo io sono questa persona. [...]
> La persona è inoltre autoappartenenza in coscienza, libertà ed azione. Conoscere, decidere e agire non sono per sé ancora persona; lo sono solo per il fatto che io mi appartengo nel sapere, nel decidere e nell'agire. [...]
> La persona infine è autoappartenenza in interiorità e dignità. (...) L'interiorità rappresenta il fatto dell'autoappartenenza secondo l'aspetto immanente. Ne ha uno anche trascendente: la dignità. La persona sta essenzialmente al di sopra del contesto naturale delle cose e del loro operare; è "elevata". È tale da richiedere profondo rispetto. Appunto in ciò è sottratta ad ogni elemento di violenza, ad ogni calcolo, ad ogni classificazione usurpante.[53]

Illuminante sul concetto di autoappartenenza è anche la seguente nota a riguardo:

> L'interiorità e la dignità – così come, del resto, la personale irripetibilità del numero e della qualità; come l'autocoscienza, la libertà e l'azione – sono possibili solo tramite, presso, in Dio. Personale autoappartenenza non è autonomia. La possiede solo Dio. È spirito assoluto e assolutamente autoappartenentesi, cioè assolutamente personale. L'uomo è persona solo perché Dio gli crea spazio per il mistero dell'essere spirituale-corporeo che si appartiene. È un mistero incomprensibile che io sia persona. Solo perché Dio è, può esserci. Mi crea per questo lo spazio rispetto alla dipendenza esterna delle cose e dei contesti, che tutto pervade. Mi appartengo, ma in "Dio". Questo "in Dio" diventa un'esigenza non appena venga compreso come "davanti a Dio".[54]

Guardini è radicalmente convinto dell'importanza della persona nella propria autoappartenenza. Giunge a dire parole molto severe su possibili riduzioni sociologiche:

> Non sono un "caso" della specie "uomo". Io sono io. Che la specie dell'uomo si realizzi, non è per nulla decisivo per il senso della mia esistenza. (Qui si trova anzi l'illusione di tutte le concezioni umanitarie della vita.) Il senso della mia esistenza dipende essenzialmente dal

---

[53] R. GUARDINI, *Persona e personalità*, Morcelliana, Brescia 2005, pp. 29-31.
[54] R. GUARDINI, *Mondo e persona*, op. cit., p. 32.

compimento della mia persona. La parola di Cristo "Che cosa giova all'uomo, se guadagna il mondo intero" (e al "mondo" appartiene anche l'umanità come genere), "ma danneggia la sua anima?" – non esprime solo una verità religiosa, ma la consistenza naturale di fondo del mio essere.[55]

Guardini accenna anche in cosa consista il compimento, la realizzazione della persona, e lo fa riprendendo le caratteristiche della personalità. Egli sostiene che la persona si realizzi nella conoscenza, nella verità, intesa soprattutto come consapevolezza di sé e dunque coscienza.

La persona si realizza poi nella propria libertà, nella possibilità di decidersi di fronte ad una esigenza o meglio ancora, la possibilità di dire "sì" al bene, avendo la possibilità di dire anche "no".

Di fronte a questa certezza si pone un dubbio:

Il dubbio la esorta a rinunciare alla sua pretesa e a divenire semplice come la pianta e l'animale. La persona si stanca di se stessa, avverte l'oppressione della responsabilità per quanto di inadeguato v'è nel suo essere e cerca di risolversi nei contesti che le alleviano il peso. Subisce il tedio della sua determinatezza, si annoia di dovere per necessità essere sempre solo se stessa, e vuole uscire da sé, in maschere e figure riflesse. Essa ha paura della propria solitudine e si spinge entro l'unità dissolvente della specie e della natura. Cerca di dimenticarsi; si getta nella transitorietà, nella corrente del continuo nascere e morire. Tradisce e vende se medesima, nel godimento, nel lavoro fine a se stesso, nella bassezza e nella malvagità. E nondimeno sussiste, enorme, il dato di fatto: "io sono io". Duro, stupendamente imperioso, tremendo, a creare un destino, a fondare una responsabilità. Conferisce tutto il suo splendore e la sua gravità.[56]

In questo dubbio sul valore della persona rientrano tutte le concezioni sbagliate di essa. Vi è ad esempio la concezione positivistica che tende a ridurre la persona a pura individualità. Lo stesso vale per l'idealismo e per le concezioni sociologiche che riducono la persona a mero individuo. Guardini invece sostiene che la persona esiste anche negli ambiti dove è meno evidente la sua natura, anche quando l'uomo non è colto o ha scarse qualità. La persona è tale anche quando si confonde nella massa. Soprattutto la persona è tale anche nel caso della menomazione più decisiva:

Il significato del concetto si mostra proprio nel suo caso limite, e cioè nell'individuo che non può più essere considerato in assoluto dal punto di vista della "personalità": in chi è colpito dalla

[55] *Ibidem*, p. 49.
[56] *Ibidem*, p. 158.

malattia o dalla menomazione, compromesso nel corpo o nello spirito: anch'egli è persona ... E di importanza fondamentale è riflettere sull'idiota, poiché il carattere di persona in lui è difficilmente riconoscibile, è nascosto, latente. Ma, che esista la persona latente, in verità si mostra continuamente: per esempio quando un uomo dorme o quando, per un effetto qualsiasi, perde conoscenza, perché in tal caso, egli non può porre in atto l'autonomia personale, ma essa è presente: anche chi è addormentato, l'idiota, l'ipnotizzato, anzi persino colui che non è più capace di consapevolezza è persona. [...]

È l'essere uomo in quanto tale, e pertanto ha qualcosa di categorico che lo sottrae ad ogni diritto di una istanza di potere. Solo in questo modo, la persona si difende dal potere del singolo, delle istanze economiche e sociali, dello Stato; e non dimentichiamo che in questo identico modo le stesse istanze di potere sono salvaguardate da se stesse, dalle loro coazioni e dagli elementi demoniaci della loro natura. Senza il contrappeso del carattere di persona proprio di ogni uomo e della sua intangibilità, le strutture del potere sono destinate alla rovina di per se stesse; se rettamente intese, gli ammalati, i minorati, gli sprovveduti sono i difensori dei sani e li custodiscono dall'*hybris* e dalla crudeltà, possibilità sempre presenti nella condizione di chi è sano e forte.[57]

L'essere persona è indipendente dal fatto che si manifesti o meno e si danno perciò casi o situazioni in cui l'essere personale è latente, come nei casi di disabilità o malattia, dove la responsabilità di una persona è affidata ad altri.

Il realizzarsi pieno della persona invece, come detto in precedenza, è legato a due dimensioni della personalità: conoscenza, che è soprattutto coscienza, e libertà. Vediamo nello specifico questi due ambiti.

La coscienza

Guardini dedica un saggio significativo al tema della coscienza, appunto dal titolo *La coscienza*[58]. Il tema è strettamente legato a quello della persona in quanto è espressione della sua realizzazione.

Si tratta di un saggio più pratico che teoretico, in cui l'autore esamina l'azione della coscienza a contatto con la realtà. È un saggio che ha a che fare con la salvezza dell'esistenza umana, a causa dei temi essenziali che si trova ad affrontare e per l'orientamento che propone.

---

[57] R. GUARDINI, *Una morale per la vita*, Morcelliana, Brescia 2009, pp. 97-99.
[58] R. GUARDINI, *La coscienza*, Morcelliana, Brescia 1933.

La coscienza è l'organo interiore che consente la relazione fra me e il bene. Tuttavia se si domanda cosa sia il bene, la risposta non è immediata, si rimane sospesi. Se ne comprendono le caratteristiche, come la sua semplicità, la sua infinità e la sua perfezione. Ancora però non si riesce a darne definizione.

Guardini ritiene che innanzitutto il bene ha a che fare con l'agire, chiede di essere tradotto in atto: «Che cosa sia il bene, che domanda di essere tradotto in atto, risulta chiaramente da ciò che di volta in volta deve compiersi».[59] Si tratta dunque di qualcosa strettamente legato alla situazione in cui ci troviamo ovvero al «complesso di uomini, di circostanze e di fatti, dei quali io faccio parte; che mi riguardano; che esigono da me qualche cosa»[60]. Solo a partire dalla situazione reale si comprende il bene.

Il bene va compiuto qui ed ora. Guardini ha parole decise su questo punto:

> Il mondo è sempre incompiuto. Esso ci viene incontro incessantemente sotto forma della situazione, affinché, con l'attività morale, lo portiamo a compimento, dandogli l'impronta del bene. La vita morale è resa sterile e squallida su larga scala. Le forze creatrici si sono trasferite a servizio di un'arte raffinata, di un'attività politica sfrenata, di un'economia pura o di qualsiasi altra cosa. È tempo che riconosciamo di nuovo che l'attività morale è una creazione e vi convogliamo di nuovo le vive energie morali.[61]

L'autore definisce la ricerca e l'attuarsi del bene nella persona umana come un atto creativo, dunque capace di compiere la persona stessa. L'organo che rende possibile il riconoscimento e l'attuarsi del bene nella situazione è proprio la coscienza. Questo attuarsi del bene provoca nell'uomo la gioia, che in realtà al giorno d'oggi manca. Occorre chiedersi le ragioni.

Se a parole è semplice dedurre questo processo, in realtà ci sono delle difficoltà. Si nota subito come spesso la situazione non sia semplice ed occorre che la coscienza sia allenata a riconoscere il bene anche nelle circostanze più complesse. Le situazioni poi si ripetono una sola volta, sono uniche e vanno comprese nella loro unicità. Infine ci sono ostacoli anche dentro di noi in quanto, sebbene abbiamo consapevolezza del bene, non abbiamo la forza di attuarlo e rimaniamo in preda a

---

[59] *Ibidem*, p. 16.
[60] *Ibidem*, p. 17.
[61] *Ibidem*, p. 20.

pulsioni contrarie al bene stesso. Non è affatto facile compiere sempre il bene ed esercitare correttamente la propria coscienza.

L'esercizio del bene per mezzo della propria coscienza ha a che fare con la mia salvezza. Tuttavia l'esercizio della coscienza non è sempre pieno o efficace. Vi possono essere dei pregiudizi, dei limiti nella propria coscienza. Essa può essere ottusa e superficiale, dunque incapace di cogliere immediatamente il bene nelle singole situazioni; può essere affinata eccessivamente e vedere doveri là dove non ci sono, provocando così angoscia e malinconia; un terzo limite può essere la nostra alterazione della realtà, che modifica le cose per come le vorremmo.

Il bene supera il mio io, sta sopra di me. Il bene si identifica con l'avere coscienza di Dio e di ciò che ci chiede. È la nostra coscienza l'organo che ci consente il contatto con il Bene vivente che è Dio.

> La fede sa meglio le cose, Dio non è un concetto, un'idea, un sentimento, un'esigenza sociologica. Dio è reale; è la realtà assoluta. E nella coscienza di quelli che gli si accostano, sinceramente, egli non mancherà di rendere testimonianza di sé. Dio farà sì che al suo cospetto la coscienza sincera acquisti la libertà di vedere senza abbagli e di decidere giustamente. A chi prega: "Sia fatta la tua volontà così in cielo così in terra", Dio darà la grazia di una coscienza chiara.[62]

La coscienza retta è un dono che si può solo chiedere a Colui che è il Bene. La relazione con Dio è necessaria perché la persona umana possa pienamente compiere se stessa attraverso l'attuazione del bene, situazione per situazione.

Occorre chiarire una questione: che il bene non è solo un'imposizione da parte di Dio sulla coscienza dell'uomo. Il bene è intesa fra Dio e l'uomo, è il realizzarsi di un piano provvidenziale a favore dell'uomo, volto alla sua realizzazione. La coscienza coglie questo orientamento ed è perciò disposta ad accogliere il bene non come qualcosa di eteronomo, e nemmeno di autonomo. È il mio essere stesso che vive solo grazie a Dio e il bene che egli mi chiede è il bene della mia persona nel suo intimo. L'interiorità della coscienza è essenzialmente relazione con Dio.

> Ora si comprende il senso più profondo dell'atto morale, considerato come realtà vivente. Il mettersi alla presenza di Dio è il mezzo per giungere alla sincerità interiore; alla libertà, spezzando pastoie psicologiche ed oggettive. Qui si dissolve anche la schiavitù morale. L'adempimento della

---

[62] *Ibidem,* p. 35.

legge morale non è più soltanto compimento di un dovere astratto, ma edificazione della nostra viva salvezza.[63]

La coscienza può perfezionarsi nel corso del tempo, ed è opera dell'esercizio e della grazia. La preghiera è parte di questa crescita come richiesta di grazia per la propria crescita e purificazione del nostro intimo.

Occorre sempre contribuire alla crescita della nostra coscienza perché essa consente la piena realizzazione della nostra persona nel rapporto intimo con Dio.

La libertà

Altro fattore che indica la realizzazione della persona è la libertà.

Essere libero per l'uomo è un dato di fatto: io concretamente mi sperimento libero. La persona fa diverse esperienze di libertà: libertà di scelta che manifesta la volontà, l'arbitrio dell'uomo; libertà di essere, ovvero la libertà di autoappartenersi, di essere padroni di sé; libertà psicologica ovvero l'effettiva sovranità sulle proprie scelte, che è frutto di esercizio.

Guardini si sofferma su quest'ultimo tipo di libertà che si dispiega in più ambiti. Innanzitutto l'ambito della libertà oggettiva, ovvero la libertà di considerare le cose in modo vero e conforme alla loro essenza, cogliendo anche l'ordine che si cela in esse; poi l'ambito della libertà nel cogliere il valore, la verità, che conduce a sua volta a un grado maggiore di libertà; dunque si giunge alla vera e propria libertà personale cioè la capacità di vivere le dimensioni della solitudine e della comunione.

Quest'ambito riguarda la libertà di rapporto:

> Ogni rapporto disordinato e deformato invece, ogni rapporto non adempiuto, rimosso, non riscattato, incatena; pone ostacoli; coarta. E invero questa esperienza vissuta della libertà è tanto più pura e più forte, quanto meno si tratta qui d'un ordine prodotto solo esternamente (organizzativo), o invece solo naturalistico e rispondente al genere, quanto più il relativo rapporto viene costituito a partire da una decisione personale; quanto più profondamente il nucleo personale penetra in questo rapporto. (...) La forma più intensa dell'esperienza di libertà scaturisce dall'amore.[64]

[63] *Ibidem*, p. 44.
[64] R. GUARDINI, *Persona e libertà*, op. cit., p. 109.

In modo simile la solitudine ben vissuta aiuta la comprensione di sé, un più profondo essere padrone di sé, e dunque una maggiore libertà.

Ancora vi è la libertà morale, che riguarda il compiere il bene in una determinata situazione. Compiere un'azione giusta, dire la verità è già un atto di liberazione. Si tratta di una educazione non solo a compiere singoli atti morali, ma a divenire morali in tutto il nostro agire. Questo obiettivo non è pienamente conseguibile nella propria esistenza terrena in quanto l'uomo prima o poi ricade nel peccato.

Infine si trova la libertà religiosa. È il dispiegarsi del "Regno di Dio" ovvero lo stare di fronte alla realtà secondo il volere di Dio, che dà compimento a tutte le cose.

Dopo aver chiarito i vari ambiti della libertà, occorre comprendere cosa sia nella sua essenza. Guardini dà questa definizione: «La libertà è quella forma, in cui l'uomo agendo appartiene a se stesso».[65] Con questa formula ritorniamo ancora al concetto chiave dell'autore sulla persona, che è il concetto di autoappartenenza.

Di fronte alla libertà dell'uomo, una libertà vivente, si colloca l'immutabile.

La prima evidenza di ciò che è immutabile è il fatto. Il fatto accade e non si comprende fino in fondo il perché, sia che lo creiamo noi sia che avvenga di per sé. Non si tratta di necessità, il fatto non è necessità ma solo immutabilità.

Anche la necessità però è parte di ciò che è immutabile. Qui entra in campo il fattore delle leggi, di varia natura. La libertà, che si colloca di fronte a questa necessità, non ha la possibilità di ottenere tutto o di superare ogni ostacolo. Si tratterebbe di un uomo ideale quello che può ottenere ogni cosa, ma non è reale. Si tratta invece di essere realisti anche per quanto riguarda la libertà dell'uomo.

La necessità si pone con delle leggi, il cui emblema è il principio della ragion sufficiente: ogni cosa che avviene ha una ragione sufficiente per cui avviene.

Nella persona umana questo principio è presente in modo differente. Si tratta di una necessità non più legata a delle leggi, ma una necessità personale. Non si tratta più di calcoli o dimostrazioni, si tratta del porsi di una persona nella propria

---

[65] *Ibidem,* p. 115.

autodisposizione. Certo anche nelle persone avvengono decisioni mosse da calcolo o da abitudine, ma in questo caso non siamo di fronte ad azioni propriamente libere.

Come conciliare dunque libertà e immutabilità? Guardini introduce la categoria di spirito che, a suo avviso, regge l'esistenza di entrambe.

Spirito è una parola molto ambigua per i differenti significati che assume nella nostra cultura. Può essere sinonimo di ciò che è immateriale, di relazione o di qualcosa che viene fatto, di luce, di creatività, ma anche di male. Tutte queste concezioni palesano qualcosa dello spirito.

Il punto di vista di Guardini è esplicitamente quello della Rivelazione cristiana. Spirito è una categoria che appartiene al soprannaturale, non al mondo. Nella Rivelazione si ha un contenuto non terreno, non mondano, ma comunque un dato. Le stesse parole e immagini umane esprimono un contenuto non terreno.

Spirito è innanzitutto lo Spirito Santo, «è lo spazio dove si dà, e insieme la garanzia per ciò che è lo spirito naturale e la realtà spirituale naturale».[66] Per Guardini si tratta non tanto di una definizione, ma di una esperienza concreta. Cristo stesso si richiama allo Spirito Santo; lo Spirito si rende effettivamente presente nella storia con l'avvenimento di Pentecoste. Da quel momento la sua funzione è la piena comprensione di Cristo e l'introduzione degli uomini "nella verità". Paolo inoltre ci chiarisce che lo Spirito è l'intimità vivente di Dio (cfr. 1Cor 2,11 e seguenti). È solo grazie allo Spirito che si rende presente lo spirito naturale, ed è solo grazie alla Rivelazione che emerge il dato di fatto dello spirito.

Torniamo a libertà e immutabilità. «La libertà non è altro che il modo con il quale lo spirito è attivamente spirito».[67] Di fronte all'immutabilità, rappresentata dalla natura, lo spirito nell'uomo fa sì che egli abbia

> la forza per la posizione veramente adeguata all'uomo di contro alla natura: dire sì e no ad un tempo ad essa; prenderla come presupposto e come compito; come fondamento portante e come

[66] *Ibidem*, p. 159.
[67] *Ibidem*, pp. 165-166.

pericolo. L'energia di ubbidirle e superarla; di rinunciare, di staccarsi e nuovamente penetrare e dar forma in direzione dell'alto.[68]

La persona realizza pienamente se stessa quando si trova ad essere realmente libera di fronte all'immutabile.

Guardini dimostra prudenza nella sua analisi sulla persona: certamente essa è splendida, ma non occorre creare un mito della persona nella sua unicità. Essa infatti è sostanzialmente dialogica, necessita di una relazione con un'altra persona.

2.3 Il rapporto personale

Guardini ora passa a considerare le relazioni che condizionano la persona.

Innanzitutto la persona è apparentemente condizionata dal suo contesto materiale, da ciò che la circonda. La persona ha bisogno del proprio contesto biologico, materiale, fisico, ma anche etico e spirituale per sussistere e conservarsi. Tuttavia, in ultima analisi, la persona è fondamentalmente indipendente da questi contesti.

Molto di più la persona è condizionata da un'altra persona. La persona umana non può mai essere generata da un'altra persona, ma è sempre presupposta. Anche nel rapporto di generazione, educazione, nutrimento, protezione, la persona è sempre un dato di fatto, non viene generata da questi processi.

Fra due persone si instaura una relazione di tipo io-tu. Guardini ci mette subito in guardia sul fatto che tale relazione io-tu non è scontata:

> È sempre possibile che in tal caso l'uno non veda nell'altro il suo "tu", ma solo un oggetto: resistenza materiale, opposizione costruttiva o quant'altro. In tale atteggiamento non prende l'altro come quell'essere che sussiste in se stesso e forma il centro attorno al quale si ordina tutto ciò che esiste nella modalità, unica nel suo genere, che costituisce il "mondo"; invece lo rapporta a se stesso come all'unico centro che venga in considerazione e lo assume come strumento nel contesto dei suoi scopi. In conseguenza, anch'egli da parte sua non va incontro all'altro nell'atteggiamento dell'io, ma solo del soggetto conoscente e agente.
>
> L'altro diviene un "tu" per me solo allorquando cessa la semplice relazione soggetto-oggetto. Il

---

[68] *Ibidem*, p. 167.

primo passo verso il "tu" è quel movimento che "ritira le mani" e lascia libero lo spazio in cui può farsi valere il carattere della persona di servire da fine a se stessa.[69]

L'altro può dunque essere riconosciuto come persona solo quando non viene considerato come mero oggetto o come un animale mosso da propri scopi, ma come un "tu" di pari dignità e capace di esprimere se stesso. Per far sì che ciò avvenga occorre ritrarsi e lasciare libera l'altra persona di muoversi a partire dal proprio io.

Per Guardini, questo processo è un rischio. Davanti a un oggetto non c'è rischio, perché la persona è quiescente e può muoversi a suo arbitrio. Davanti a un "tu" qualcosa sboccia, cade lo schermo della mera oggettività. Proporsi come un "io" a un "tu" significa "mostrarsi", nella speranza che anche l'altro cali lo schermo e si renda disponibile. L'altro mi percepisce non come qualcosa che lui percepisce di me o che vorrebbe da me, altrimenti il rapporto diviene tormentoso e ci si sente in balìa dell'altro. Il rapporto fra "io" e "tu" diviene autentico se c'è reciprocità nell'essere disponibili l'uno per l'altro. In tutti gli altri casi, l'"io" rimane corazzato e non si attua una vera relazione personale.

Si tratta di una apertura indifesa da entrambi i lati.

Con questa premessa si può realizzare un rapporto io-tu. Tale rapporto può dispiegarsi in profondità differenti: simpatia, fiducia, amicizia, amore sono livelli differenti di questo rapporto.

Un rapporto quasi io-tu si ha quando l'"io" pone come proprio "tu" una cosa o un altro ente nel mondo, al quale si rivolge quasi con carattere personale. Questo ad esempio avviene nel mito, dove dietro gli oggetti si collocano degli esseri, o nella poesia, dove viene dato un volto agli oggetti. Anche nell'esperienza dell'innamoramento avviene in quanto si contempla il volto amato attraverso tutte le cose.

Secondo Guardini, vi sono due poli nella persona: quello del sussistere come forma e quello dell'attuarsi nel rapporto. L'autore critica quel tipo di personalismo che riduce la persona a semplice atto; secondo tale concezione la persona non esiste come ente quiescente. Un altro genere di personalismo invece riduce la persona a

---

[69] R. GUARDINI, *Mondo e persona*, op. cit., p. 163.

oggetto e dunque la equipara a un individuo. Questi due poli vanno tenuti insieme in quanto, per Guardini, non esiste persona nella sua sola unicità e, allo stesso tempo, essa non sorge solo dall'incontro. La formula che riassume questa posizione può essere questa: «l'uomo si trova per essenza nel dialogo».[70]

L'affermazione non significa che l'uomo sia per natura sociale: implica innanzitutto che la vita spirituale dell'uomo si svolge nel linguaggio. A questo punto nel testo si trova una affermazione molto originale di Guardini, dettata sicuramente più dall'esperienza personale che dalla semplice speculazione filosofica: «si danno anche nella vita dell'uomo fasi, durante le quali egli deve necessariamente chiudersi in se stesso, se non deve subire danno».[71] Si deve pensare al momento storico in cui l'autore scrive *Mondo e persona*: egli ha appena perso i suoi principali incarichi, quello accademico e quello legato al movimento del Castello di Rothenfels a causa della censura nazista e sta certamente sperimentando una situazione di chiusura dal mondo, nella quale egli non vuole cedere all'ideologia imperante.

Il rapporto dialogico è dunque essenziale per la persona. Tale rapporto si attua solo attraverso un dono che l'uomo ha ricevuto: il linguaggio. Non si tratta solo di uno strumento di comunicazione tra singoli individui, ma è il contesto stesso in cui si attua la vita interiore di una persona nel parlare interno davanti a se stessi. L'uomo nasce e cresce in questo contesto, dotato di forme di senso. Il linguaggio però non viene impiegato appieno nel parlare a se stessi, ma solo nel parlare con l'altro. Il linguaggio spinge al rapporto io-tu e si attua nella responsabilità comune per la verità.

La parola, e il silenzio che ne è parte integrante, sono un presupposto della vita umana e rendono possibile il dialogo fra le persone.

Guardini, citando l'apostolo Giovanni, ritiene che ogni cosa sussiste nella forma della parola, del "verbo", utilizzando il termine evangelico. Dio si esprime con il proprio linguaggio, con la propria Parola. Soprattutto occorre dire che la parola «costituisce il cuore dell'esistenza divina».[72] Il Padre è l'eterno parlante, il Figlio è la

---

[70] *Ibidem,* p. 167.
[71] *Ivi.*
[72] *Ibidem,* p. 169.

Parola e lo Spirito è la coscienza di questo discorso nell'amore. Qui la creatura non c'entra: si tratta della vita stessa della Trinità, a prescindere dalla Creazione.

La stessa Creazione avviene non per impulso ma attraverso la Parola (cfr. Gv 1,3).

In Dio persona e parola sono essenzialmente connesse. Guardini afferma anche che se Dio è colui che parla e che è parlato, è anche colui che propriamente ascolta. Solo nell'ascolto e nella risposta l'atto dialogico si compie e ciò vale anche per Dio. Canale della manifestazione della Parola divina è lo Spirito Santo, l'amore. In Lui la Parola manifestata può essere custodita e rimanere intima.

Da qui si comprende che ogni cosa ha carattere di parola, perché è creata per mezzo della Parola divina. Non si tratta di una creazione solo per mezzo della potenza o del pensiero, ma proprio dal discorso. In questo discorso Dio esprime la sua pienezza di senso. La Creazione diviene il campo in cui si dispiega il rapporto io-tu fra l'uomo e Dio, nella lode, nel ringraziamento e nell'obbedienza.

Il linguaggio e la capacità di parlare tipiche dell'uomo esistono solo grazie a questo carattere "verbale" di tutte le cose.

Tutto questo ci ricorda che la persona esiste nella forma del dialogo, non è mai per principio solitaria.

2.4 L'incontro

Dalla natura dialogica della persona si deduce una struttura dell'esistenza che è quella dell'incontro. Incontro in senso generico è quello tra due persone, quando le condizioni lo consentono. Infatti l'incontro non è una struttura automatica; spesso il nostro modo di relazionarci con le altre persone è dettato dall'abitudine, da un comportamento utilitaristico mentre per un reale incontro occorre un libero star di fronte, occorre avere libertà di relazione. Solo in quel momento si instaura una relazione di tipo io-tu.

Il libero star di fronte spesso non è sufficiente perché avvenga un incontro in senso proprio. Occorre che l'occasione sia propizia, che accada tutto spontaneamente, senza particolari pianificazioni o progetti. In questo si capisce non solo che l'incontro è una struttura essenziale, ma anche che è un dono che non può essere preteso. Per Guardini:

> Ogni autentico incontro suscita un sentimento di personale indegnità e di gratitudine, almeno almeno di meraviglia per il modo singolare ed inaspettato in cui ha preso forma.[73]

Occorre una compenetrazione tra l'imprevedibilità dell'incontro e la costanza del lavoro. La ricchezza che si ottiene grazie a un incontro può essere coltivata solo grazie ad un lavoro personale:

> L'incontro viene donato, il lavoro è deciso e compiuto. Dall'incontro scaturiscono l'intuizione feconda, l'iniziativa creatrice, l'irruzione della novità; mediante il lavoro tutto ciò acquista ordine e forma, e permane nel tempo. Da solo l'incontro farebbe della vita un'avventura, inquieta ed in balia dell'istante. Da solo, il lavoro resterebbe privo di fecondità; tutto diverrebbe abitudinario, logoro, "vecchio". L'esistenza verrebbe compressa in uno schema. Gioia, e timore, andrebbero perduti.[74]

C'è dunque una tensione di fondo nella vita dell'uomo: quella a rimanere nelle proprie strutture, rappresentata dal lavoro e dall'abitudine; e quella ad aprirsi per accogliere il nuovo e lasciare spazio all'altro, al Tu capace di portare novità nella propria vita.

2.5 La persona e Dio

Non è stato ancora espresso, ma occorre dire che Dio è persona; Egli non è persona alla maniera umana, ma è persona in senso assoluto. Dalla sua persona dipende ogni altra persona. Si comprende che la persona umana, che esiste grazie alla persona divina, non trova piena realizzazione in un'altra persona umana, ma solo nella persona di Dio. Il Tu della persona umana è principalmente Dio.

La persona umana dipende essenzialmente da Dio. Essa si caratterizza per essere unica e irripetibile, indipendentemente dalle proprie doti o caratteristiche. La persona ha dignità assoluta proprio perché deriva e dipende da Dio: Egli la pone come persona. C'è una profonda differenza tra ciò che è personale e ciò che è impersonale: gli oggetti vengono semplicemente creati, la persona invece riceve una chiamata.

---

[73] R. GUARDINI, *Persona e libertà*, op. cit., p. 38.
[74] *Ibidem*, p. 40.

Da queste affermazioni si deduce la grande dignità della persona umana, ma anche la sua grave responsabilità insurrogabile. Dio comanda a tutto il creato, ma alla persona umana si rivolge con la chiamata, la chiamata ad essere il proprio tu.

> Dio, creando, lo ha posto come suo "tu" ed Egli lo è, voglia o non voglia l'uomo, che è appunto tale nella misura in cui, riconoscendo e obbedendo, realizza il rapporto "io-tu" verso Dio. Se non lo fa, non cessa di essere persona poiché il suo esistere stesso, su cui non ha alcun potere, è risposta alla chiamata del Creatore; ma con la sua volontà entra in contraddizione con la sua propria essenza, e così diviene un'assurdità, la cui definitività costituisce la dannazione.[75]

Il rapporto io-tu fra l'uomo e Dio si realizza nel mondo, nel quale gli oggetti e gli avvenimenti sono parole di Dio che rendono possibile il dialogo, proprio in forza del carattere verbale che è in essi.

Guardini va ancora più a fondo. Egli ritiene che solo nel cristiano il rapporto io-tu fra Dio e l'uomo si svolge in pienezza, proprio a partire dalla persona di Cristo. San Paolo è l'autore del Nuovo Testamento che meglio esprime questa coscienza. Una sua concezione peculiare è che l'uomo è in Cristo e Cristo è nell'uomo. Questa idea è variamente espressa nelle sue lettere come ad esempio in 2Cor 5,17: «Quindi, se uno è in Cristo, è una creatura nuova». Secondo questa concezione Cristo è presente e operante nella persona del credente; non è un fatto naturale, ma è espressione di un'immagine nuova dell'essenza umana che dà forma all'esistenza. Diviene evidente in questo passo di Rm 8,29: «Poiché quelli che Egli da sempre ha conosciuti li ha anche predestinati ad essere conformi all'immagine del Figlio suo». Si tratta di una presenza mistica di Cristo in noi, che avviene grazie allo Spirito: Cristo assume in sé la nostra esistenza. Egli citando Gal 2,20: «Non sono più io che vivo, ma Cristo che vive in me», mostra come vi sia una reale inabitazione del Figlio di Dio nel credente. Questa espressione, a detta di Guardini, non va interpretata né indebolita, ma va intesa in senso preciso.

Sembra che questa concezione si scontri con l'idea di persona che abbiamo individuato, in quanto mina alla sua unità e il suo radicamento in sé. Occorre dunque chiarire meglio il significato dell'espressione. Guardini chiarisce innanzitutto che

[75] R. GUARDINI, *Mondo e persona*, op. cit., p. 175.

non si tratta di una semplice relazione uomo-modello o discepolo-maestro, ma di una reale esistenza di Cristo nella persona del credente.

Un altro paragone più appropriato è forse quello della somiglianza fra un antenato e il suo discendente, laddove si intuisce che il primo rivive in parte nel secondo. Ma anche qui non si tratta della stessa persona che rivive in un'altra, come invece avviene fra Cristo e il credente.

Un ultimo possibile parallelo può essere quello della inabitazione divina come nel caso degli oracoli, in cui la divinità abita realmente nell'individuo e lo utilizza per trasmettere un messaggio; oppure il caso dello sdoppiamento di personalità, in cui la stessa persona pensa e agisce in modi differenti in base alle situazioni e percepisce di essere abitata da un altro sé; o anche il caso della possessione, in cui un'altra entità prende possesso della persona e la utilizza a suo piacimento. Secondo Guardini nessuno di questi casi coincide con quello che sostiene san Paolo.

> Ciò che intende Paolo è manifestamente altra cosa. Egli parla di un reale essere del Cristo pneumatico nel credente; ma descrive il rapporto in modo che esso non può consistere in uno stato di estasi né patologico; e appare invece fondamento permanente di un'esistenza personale di chiarezza perfetta e serietà suprema.[76]

È l'esperienza stessa di Paolo che ci svela il significato di questa inabitazione. Ben sappiamo come sia determinante per l'apostolo l'esperienza di Damasco: egli, da rigido osservante della legge e persecutore della Chiesa di Dio, diviene l'apostolo delle genti. L'esperienza che vive è quella di un'immensa liberazione da una grave oppressione interiore: egli sapeva di non poter adempiere perfettamente la legge e si era gettato nella difesa violenta della sua causa. Invece l'incontro con Cristo è un fatto che non dipende dal suo sforzo: «Egli lo scioglie dalla sua prigionia in se stesso, facendosi contenuto della sua esistenza».[77] Cristo, per mezzo dello Spirito, entra in lui e diviene centro e forma della sua esistenza, in modo più vero rispetto alla precedente vita da fariseo. Lo Spirito è determinante in questo processo di inabitazione in quanto è la potenza di Dio che la rende possibile. Gesù stesso nella vita terrena era dominato interamente dallo Spirito e dopo la morte ha rivelato

---

[76] *Ibidem*, p. 181.
[77] *Ibidem*, p. 183.

pienamente la sua potenza con la Risurrezione. L'umanità stessa di Gesù ora è in stato pneumatico. Paolo nell'esperienza di Damasco vive l'effusione dello Spirito, lo Spirito del Signore, in modo che Esso penetra in lui e diviene il centro della sua esistenza.

Il fedele allora, secondo Paolo, rivive in sé la vita di Cristo, la sua crocifissione, la sepoltura e la Risurrezione. Il cristiano muore come Cristo, nel senso che muore l'uomo vecchio, affinché si formi l'uomo nuovo. È un processo che si attua continuamente nella vita.

Ritorniamo al rapporto io-tu fra Dio e l'uomo. La riflessione precedente mostra che Cristo inabita nell'uomo e dunque il suo rapporto con Dio è mediato dal suo essere in Cristo. Occorre dunque comprendere che rapporto sussista fra Cristo e Dio. Qui si dischiude il mistero della Trinità:

> Dio non è l'assoluta Persona-Una, come la coscienza moderna – nella misura in cui in assoluto concepisce Dio in termini di persona –, l'Islam e l'ebraismo postcristiano la rappresentano. Questo mono-personalismo non è cristiano. Invece, costituisce il nucleo del messaggio cristiano proprio la rivelazione della modalità misteriosa e sovraeminente in cui Dio è persona.[78]

Guardini quindi introduce il mistero della Trinità, che è tipico dell'esperienza cristiana. Questo mistero si comprende innanzitutto dalle parole di Gesù, che mostrano la sua esperienza. Egli dà per acquisita l'unicità di Dio a partire dalla tradizione anticotestamentaria; tuttavia si pone di fronte a Dio in modo nuovo: egli si rivolge a Dio chiamandolo Padre. Il Vangelo di Giovanni mostra come Cristo voglia rivelare la propria divinità e dunque come in Dio stesso esista una controparte. Il rapporto fra queste due parti è espresso, sempre in Giovanni, nella dialettica Padre-Figlio, ma anche Parlante-Parola. Qui il rapporto io-tu raggiunge la sua perfezione e la sua archetipicità. Da tale rapporto scaturisce un'ulteriore persona divina, lo Spirito; tuttavia Guardini riconosce di non saper spiegare integralmente questo mistero:

---

[78] *Ibidem*, p. 189.

> Dall'amore divino scaturisce una Persona: lo Spirito Santo ... Siamo coscienti di non aver spiegato nulla con ciò che s'è detto.
> La Trinità di Dio è mistero in senso puro e semplice.[79]

Egli ritiene che è solo osservando il mistero della Trinità che ha avuto origine l'archetipo di persona umana come lo intendiamo oggi. Il rapporto io-tu tipico della persona umana è un'immagine pallida del grande rapporto io-tu presente fra le persone divine.

Il nostro rapporto io-tu con Dio è un rapporto io-tu con la Trinità, ad immagine del rapporto trinitario che vive Cristo. Il tu di Cristo è essenzialmente il Padre; essendo che Cristo abita in noi, secondo la teologia paolina, noi tendiamo a rivivere lo stesso rapporto di Cristo e dunque a vivere il rapporto con il Padre. «Il tu vero e proprio e definitivo è il Padre».[80] Lo Spirito non è tagliato fuori: è la persona che conduce all'interno di questo rapporto.

La liturgia cristiana è un compendio e una educazione a questo tipo di rapporto con Dio.

Sorge un'ultima obiezione: se si tratti di un'esperienza particolare vissuta dal solo apostolo Paolo o sia invece l'esperienza di ogni cristiano. In realtà, secondo Guardini

> La medesima esperienza vissuta trova la sua impostazione nella fede cristiana *simpliciter*, e tra essa e la coscienza dell'Apostolo in ultima istanza non sussiste una differenza essenziale, ma solo una distinzione di grado.[81]

Così l'apostolo Paolo vive la nostra stessa esperienza ma in grado maggiore; la sua testimonianza ha lo scopo di esibire una forma piena di cristianesimo. Una vita cristiana intensa si presenta molto simile all'esperienza espressa da Paolo, e non sono pochi i casi del genere.

2.6 Il cristiano in quanto persona

Guardini ci aiuta a chiarire cosa significa il concetto di persona, ma soprattutto ci aiuta a coglierne lo specifico cristiano.

---

[79] *Ibidem,* p. 191.
[80] *Ibidem,* p. 192.
[81] *Ibidem,* p. 193.

Un termine che egli introduce a proposito è "grazia": essa è la categoria dell'esistenza cristiana, non semplicemente un attributo. Il cristiano si concepisce come dono a se stesso (cita sempre Gal 2,20). Non solo l'uomo viene concepito in questo modo: anche il mondo stesso è dono.

La categoria di persona è decisiva per il cristiano, anche per il suo atteggiamento umano. Il cristianesimo è definito religione dell'amore, inteso non tanto come una particolare etica, piuttosto come il realizzarsi del rapporto io-tu come finora inteso. L'essenza del cristianesimo è essere amati da Dio, grazie alla sua chiamata, e amare Dio, in risposta alla sua chiamata. Si tratta di una relazione che non ha paragoni con il mondo.

Se l'amore vero si è rivelato nel cristianesimo, Guardini ritiene che anche il male è mutato con l'avvento di Cristo:

> Solo nello spazio del cristianesimo e nell'incontro con esso diviene possibile il male, per così dire, "maggiorenne", che si rapporta a quello precedente come l'ingiustizia dell'uomo maturo rispetto a quella del giovane o del bambino. Non appena Dio, nell'incarnazione, è entrato nella storia, pronto ad assumere il destino in ragione dell'uomo, si delinea una possibilità del male, per la quale non resta altro che chiamarla, "in timore e tremore" (Fil 2,12), ma puramente e semplicemente: la volontà di annientare Dio – e con Dio ciò che viene nell'uomo da Dio.[82]

Si tratta in fondo di Rivelazione e dunque il cammino di comprensione è ancora lungo.

[82] *Ibidem,* p. 204.

3. Implicazioni pedagogiche

Le riflessioni dei capitoli precedenti, sulla vicenda personale di Guardini e sulla sua visione teoretica del concetto di persona, sono preludio al grande contributo pedagogico del nostro autore. Egli infatti, nelle vesti di prete, guida del movimento giovanile, professore universitario e autore di una sterminata bibliografia, ha generato, e continua a generare, una moltitudine di cristiani umanamente maturi e pronti all'impegno nella società e nel mondo della politica. La novità di Guardini viene evidenziata in questo contributo di Leopoldo Sandonà:

> Romano Guardini sembra percorrere come educatore – riassumendo nella sua persona i molteplici aspetti di formatore, docente, guida spirituale – una terza via rappresentata dall'unione di formazione personale e costruzione sociale, a partire dalla situazione concreta in cui l'individuo si trova a vivere. L'educare guardiniano non si dà come sistema definito di asserti da applicare o di pratiche da concretizzare, ma come lievito costante nella costruzione della persona e negli avvenimenti che la persona si trova a sperimentare.[83]

Nel caso di Guardini parliamo di un pedagogo e non di un pedagogista, anche se possiamo contare su alcuni suoi contributi in merito alla scienza pedagogica. Occorre dunque descrivere la sua attività legandola ai diversi periodi da lui vissuti, in particolare distinguendo i primi anni di impegno nella direzione della *Juventus* di Magonza e la successiva partecipazione al movimento del *Quickborn*.

3.1 Gli anni della Juventus *(1915-1920)*

Nel ripercorrere la biografia del nostro autore, si nota che il primo impegno educativo di rilievo è proprio quello della direzione della *Juventus* di Magonza, affidatagli dal vescovo diocesano proprio al termine del suo percorso di studi in teologia, nel 1915.

Guardini è nel pieno delle sue potenzialità: ha 30 anni e ha davanti una possibile carriera accademica. L'esperienza con questi giovani rappresenta un primo nucleo della sua attività educativa, in cui emergono i temi fondamentali del suo insegnamento ma soprattutto uno stile educativo raro nel panorama cattolico del tempo. Non poche sono le critiche da parte di genitori e adulti per lo stile con cui

[83] L. SANDONÀ, *Edificare l'uomo dove si trova: l'unità formativa guardiniana. Spunti di riflessione*, in G. FABRIS – G. A. FACCIOLI (edd.), *Romano Guardini e la pedagogia. L'educazione come compito e valore*, op. cit., p. 13.

Guardini conduce l'associazione.

Occorre dire qualcosa sull'associazione in sé. Guardini ne parla in uno scritto del 1920 che pare essere una propria sintesi dell'esperienza vissuta. Egli stesso chiarisce il senso di questo opuscolo.

> Questo libretto racconta di un regno, che i giovani di Magonza si sono costruiti e nel quale hanno portato con sé tutto ciò che è sembrato loro grande e bello. [...] Ci è parso venuto il momento di dire pubblicamente chi siamo, cosa facciamo e quali fini perseguiamo.[84]

L'autore prosegue con molta semplicità: «"*Juventus*" significa, nella nostra lingua, "*gioventù*". (...) Sono studenti di tutte le classi delle scuole superiori di Magonza».[85] Troviamo poi descritti i vari momenti di attività dell'associazione. Momento essenziale di ritrovo è la domenica mattina. L'incontro è all'insegna della libertà: c'è chi gioca, chi racconta, chi condivide scoperte su argomenti di scuola, chi suona uno strumento, chi consulta la biblioteca. Tutto viene concluso con una breve comunicazione e la preghiera dell'*Angelus*.

Altro momento importante è la seduta del *Consiglio* della *Juventus*.

> Esso si raduna ogni due settimane, la sera di un giorno feriale. Vi appartengono i più anziani, dalla terz'ultima classe di liceo in su. Uno studente presenta una relazione su qualche tema importante e significativo, poi se ne discute, talvolta brevemente, altre volte a lungo e appassionatamente. Infine si prende in considerazione quel che sta accadendo nella *Juventus* e tutto ciò che tocca la vita dell'associazione.[86]

Da questi momenti ne fioriscono molti altri: giochi, camminate, concerti, rappresentazioni teatrali, eucaristia comunitaria.

Di particolare rilievo è il modo in cui viene concepita l'autorità:

> Chi guida non prende alcuna decisione o iniziativa senza che i giovani siano d'accordo. Egli non è affatto il loro superiore, ma il loro amico. Sta al loro fianco consigliando e aiutando, e presta attenzione a che non si compiano passi falsi. Ma ad agire e a operare è la gioventù in prima persona. È lei soprattutto a dar forma alla *Juventus*, e sempre le cose sono andate tanto meglio per l'associazione, quanto più vi erano in essa persone dinamiche e autonome.[87]

---

[84] R. GUARDINI, *Da un regno della gioventù*, in C. FEDELI, *Pienezza e compimento. Alle radici della riflessione pedagogica di Romano Guardini*, Vita e Pensiero, Milano 2003, p. 301.
[85] *Ibidem,* p. 304.
[86] *Ibidem,* pp. 304-305.
[87] *Ibidem,* p. 306.

La guida, l'autorità, è vista come una funzione di servizio all'associazione e non di comando.

Vi sono inoltre ruoli specifici fra i giovani: il direttore, che ha la funzione di animare il gruppo, cooperando con la guida; i fiduciari, che sono i rappresentanti dei singoli istituti in cui viene proposta l'associazione; infine ci sono tre responsabili per le attività principali ovvero per i giochi, per la musica e per i libri.

Caratteristica fondamentale dell'associazione è questa: «Tutto quello che accade in essa, nasce dalla libera volontà delle persone».[88] Non vi è nulla di moralisticamente imposto, tutto avviene in modo voluto e consapevole, rendendo l'associazione molto più vivace e partecipata.

Ci si può chiedere allora in quale occasione Guardini abbia potuto trasmettere in modo più articolato i contenuti del cristianesimo, così determinante per la vita dell'associazione. Dallo scritto ricaviamo che il luogo preferito per la catechesi era il raduno del Consiglio. In esso

> Vengono altresì affrontate e ponderate le domande più dense di significato per l'esistenza, i vari elementi e aspetti della religione cristiana, della formazione del carattere, dell'orientamento complessivo da dare alla vita [della *Jugendbewegung*] e così via.[89]

Occorre chiarire che l'associazione dedica solo una piccola parte del proprio tempo all'approfondimento dei contenuti della fede cristiana, perché il suo carattere è un altro:

> Siamo consapevoli che la religione è, per l'uomo autentico, per sua natura, ciò che l'anima è per il corpo. Ovviamente, non se ne deve parlare in continuazione. Non c'è bisogno di metterla sempre e dappertutto in primo piano. Anche noi la pensiamo così. Quel che è più delicato e santo, la nostra religione, non amiamo ostentarlo, e non ne parliamo molto – questo è certo.[90]

L'attenzione cade allora sulle molteplici altre attività dell'associazione. Si segnala la presenza di una orchestra dell'associazione, che si ritrova liberamente a provare una volta a settimana.

Si organizzano poi feste, come quella di Natale, «serate dedicate alla letteratura e alla musica, conferenze con proiezione di diapositive, e altro ancora».[91]

---

[88] *Ibidem,* p. 307.
[89] *Ibidem,* p. 311.
[90] *Ibidem,* p. 312.
[91] *Ibidem,* p. 314.

Si vive insieme anche nei periodi di vacanza, con uno stile semplice e vivace.

Si organizzano spesso camminate, che consentono di recuperare decisamente il rapporto fra l'uomo ed il creato, fra l'uomo e il suo popolo:

> Ora si comprende che cos'è un popolo, la sua vita, il suo lavoro, la sua indole dolorosa e spesso così profonda. Ci si sente più vicini alla radice, al terreno sorgivo di ogni realtà umana. Si perde la presunzione tipica di chi vive in città e s'impara, con il cuore e con la testa, che cosa sono il popolo e una vita semplice, giusta. [...] Le preoccupazioni non ci assillano. Nello zaino abbiamo lo stretto necessario, e per il resto non facciamo affidamento su niente. Non abbiamo bisogno di alberghi né di comodità. Abbiamo smesso i panni dell'uomo che vive in città e "riposto la nostra speranza nel nulla". (...) È come se, nel corso dei primi due giorni, si mutasse pelle, tutto ciò che non appartiene essenzialmente a ciascuno cadesse, e l'uomo schietto, autentico affiorasse, l'essere umano nella sua vera natura, così come dev'essere: gli occhi spalancati, il respiro ampio, il cuore forte e retto.[92]

L'esperienza della camminata, se vissuta in questo modo. apre l'uomo alla dimensione religiosa:

> E come diventa grande, per noi, Dio – qui, nella sua creazione! Quando si è sulla cima, circondati dall'ampiezza dell'orizzonte; oppure di notte, quando le stelle attirano l'anima nell'infinita lontananza del cielo: ci si sente per così dire nudi, soli con la propria anima di fronte al grande Dio, che nessuno vede, e tuttavia dappertutto è così vicino.[93]

Ma apre l'uomo anche alla dimensione umana dell'amicizia, nel modo più autentico e vero:

> E soprattutto può accadere a ciascuno, in circostanze del genere, di scoprire, di conoscere più a fondo l'uomo accanto a sé, il compagno – che magari è già amico. Quando si cammina, si mangia, si dorme, si riflette e si guardano le cose insieme, quando si condivide ogni gioia, ma anche tutto ciò che dà fastidio o scontenta, il cuore impara a dire 'noi'. Ciascuno si sente unito agli altri da qualcosa di comune, e si sa responsabile insieme, con e per loro. [...] Quand'è l'ora, l'anima si apre e sa d'aver trovato nell'altro una dimora, una patria, un compagno di strada nell'ascesa, un compagno di lotta nella battaglia, e ciò significa: un amico.
>
> Allora si può parlare di cose che altrimenti non uscirebbero di bocca. Cose di cui noi stessi non eravamo consapevoli sgorgano dal cuore. Affiorano interrogativi, dubbi, progetti. Trascorre

[92] *Ibidem,* p. 318.
[93] *Ibidem,* p. 319.

dall'uno all'altro un dare e un ricevere, che suscitano meraviglia. Quando si ha un vero amico, può accadere di ricevere in dono due volte tutte le cose belle che capitano in un giorno.[94]

Può essere utile anche raccogliere i tratti essenziali della *Juventus* così come delineati da Guardini: nobiltà e finezza d'animo, forza di volontà, un modo di fare naturale, amicizia, amore per il prossimo, rispetto dei genitori, esser liberi e obbedire, un corretto rapporto ragazze/ragazzi, riconoscere la propria professione o lavoro, vivere la religiosità, affidamento alla Madonna.

È opportuno concludere ribadendo l'ideale di fondo dell'associazione:

> Solo Gesù Cristo è la vera guida. Egli è il Puro, il Forte, il Buono, l'assolutamente Unico. Egli ha fatto sua la causa dell'Altissimo, si è assunto la missione affidatagli dal Padre celeste, vi ha consacrato tutto, ha lavorato, ha lottato ed è andato a morire per questo.
>
> Noi vogliamo diventare semplici e puri come lui. Forti, come lui. Nobili e grandi di cuore, come lui. Egli ci aiuterà. Attraverso la parola della sua Chiesa noi sentiamo parlare di lui. Nella Sacra Scrittura noi leggiamo di lui. Nella preghiera parliamo con lui. Nel santissimo mistero della comunione ci avviciniamo tanto, tantissimo a lui. Vogliamo camminare con lui e lottare con lui per il grande regno della giovinezza eterna, per il regno di Dio, affinché Dio e la sua verità e la sua santa volontà regnino nella nostra anima, in tutto il nostro fare e anche in tutto il mondo.[95]

Nella vita semplice ma vivace della *Juventus*, Guardini vuole contribuire, più come servo che come guida, a edificare una compagnia che sappia riconoscere l'importanza di Gesù e della Chiesa nella vita dell'uomo e sia capace di testimoniarla nel proprio vivere quotidiano.

Per comprendere più adeguatamente il pensiero di Guardini, che si cela dietro la sua azione pedagogica, si può fare riferimento ad alcuni scritti del periodo. In un saggio intitolato *L'obbedienza religiosa e cristiana*, l'autore specifica che

> La Chiesa non è soltanto un ausilio e un aiuto di tipo pedagogico per superare l'intrinseca debolezza della persona; l'obbedienza nei suoi confronti non è un espediente, né una soluzione di ripiego. Essa rappresenta invece l'altezza stessa di Dio, in sé fondata e di per sé dotata di senso e valore, che esige dall'uomo obbedienza a motivo esattamente della propria altezza, anche a prescindere da qualsiasi ulteriore rilevanza sul piano educativo che le si possa attribuire.[96]

---

[94] *Ibidem*, pp. 319-320.

[95] *Ibidem*, p. 334.

[96] C. FEDELI, *Pienezza e compimento. Alle radici della riflessione pedagogica di Romano Guardini*, op. cit., p. 93.

Da qui si comprende l'intima fedeltà di Guardini al magistero della Chiesa.

Inoltre l'autore, seppure si ponga in modo mite nei confronti dei suoi giovani, tuttavia è cosciente del suo compito educativo. Lo espone in un saggio dal titolo *Sul concetto di comando e obbedienza*:

> La gioventù ha innanzitutto il dovere di obbedire, e di obbedire con piena fiducia – questo è certo. Solo che è compito importante di chi educa far vedere all'educando dove comincia il suo diritto a disporre di sé. Non appena gli si lascia la possibilità di esercitare tale diritto come un potere ovvio e legittimo, o addirittura gli si suggerisce esplicitamente di fare di norma così, l'insana sete di autonomia non guarisce affatto, come si vede chiaramente, ad esempio, in parecchie manifestazioni della *Jugendbewegung* dei nostri giorni.[97]

L'obbedienza va di pari passo con la libertà. Ecco un contributo dal saggio *Sul concetto di libertà morale*:

> Una condotta è libera quando appartiene al soggetto da cui proviene; quando chi ne è attore non è soltanto lo strumento nelle mani di un potere che dispone di lui, oppure il semplice anello di una catena di cause ed effetti, ma piuttosto il soggetto in cui risiede la paternità decisiva dell'azione.[98]

Ecco una sintesi sul tema, proposta da Carlo Fedeli:

> Nel rapporto educativo, infine, l'autore ha segnalato la presenza di qualcosa che eccede la comprensione e il calcolo razionale: di un carattere di mistero, che caratterizza l'educazione come ogni altro fenomeno naturale, concreto e vivente. Quel carattere si manifesta nella fiducia e nell'affidamento con cui una vita che cresce si mette nelle mani di una vita adulta, per diventare essa stessa adulta. In ultima istanza, fiducia e affidamento ribadiscono per un verso la natura drammatica, libera e ultimamente non prevedibile dell'implicazione della persona nel rapporto educativo; per l'altro, rimandano alla relazione trinitaria fra il Padre e il Figlio, nella quale la corrispondenza fra comando e obbedienza svela definitivamente il suo volto più vero, di reciproca affermazione amorosa: perché comandare significa nel senso più profondo: essere padre, e obbedire: essere figlio.[99]

Guardini riflette anche sulla vita della comunità, che porta in sé opportunità e rischi. In un saggio dal titolo *Il significato del dogma del Dio trinitario per la vita*

---

[97] *Ibidem*, p. 104.
[98] *Ibidem*, p. 107.
[99] *Ibidem*, p. 131.

morale della comunità, individua subito un pericolo nella dedizione della persona alla comunità:

> La dedizione può portare alla perdita di cose che non è lecito dismettere, alle quali non si può rinunciare: nel caso, al venir meno di elementi costitutivi del possesso più intimo che l'uomo ha di sé. Essa può togliere l'indipendenza, deformare il giudizio, indebolire la volontà, dissolvere l'unità della persona – che riposa in se stessa. Può indurre un individuo a comportarsi contro la propria coscienza, per assecondare la volontà altrui. Gli uomini che subiscono solo l'influsso degli impulsi e delle inclinazioni della vita in comune perdono rapidamente la freschezza e l'originalità del loro essere; divengono superficiali e banali. Qui è all'opera quel complesso nefasto di influssi e conseguenze dell'istinto sociale, che Nietzsche ha riassunto con le parole: "la comunità livella e rende tutti uguali".[100]

Per l'autore si tratta allora di tenere insieme un duplice atteggiamento: da un lato la dedizione alla comunità e dall'altro la salvaguardia di sé, per non rimanere alienati:

> Nell'accordo e nella sintonia di quei due moti dell'animo sta la bellezza del fenomeno 'comunità': una realtà nobilmente e limpidamente formata, nella pienezza del dare e del ricevere. Se mai ne ha uno, ecco il significato della parola 'formazione': l'energia e la forza vengono dominate e padroneggiate da un fine e acuto sentimento del limite.[101]

La Rivelazione cristiana illumina questo fenomeno umano, portandolo a compimento:

> Che cosa ha da dire, su tutto ciò, il mistero della Trinità? È sufficiente collocarlo al centro delle relazioni sopra descritte, perché le rischiari ancora di più, per noi, con la sua luce: nell'insieme così come nelle loro reciproche connessioni.[102]

Grazie a questa visione più profonda emerge la vera natura della comunità:

> Il compimento del fenomeno 'comunità': amore, condivisione di tutto, fino a essere una cosa e una vita sola. Ma, nel contempo, perfetta distinzione e salvaguardia della persona.[103]

Si comprende quale genere di comunità l'autore volesse proporre ai giovani, fondata sul rispetto di ogni singolo ma orientata a muovere la dedizione e il dono totale di sé agli altri, sull'esempio di vita della Trinità.

---

[100] *Ibidem*, p. 137.
[101] *Ibidem*, p. 140.
[102] *Ivi*.
[103] *Ibidem*, p. 141.

Fedeli tenta ancora una sintesi, fondandosi su alcuni saggi che ineriscono al tema della comunità:

> La prima dinamica formativa è l'educazione alla vita in società e al fenomeno della comunità, a partire dalla correlazione tra fiducia e fedeltà come disposizioni basilari, nonché dalla loro fondazione in Dio. La seconda fa perno sulla libertà come potere di disporre di sé, e la sviluppa sulla linea dell'ascesi come fattore costitutivo della fisionomia che l'uomo conferisce alla propria esistenza e come asse della sua formazione spirituale e cristiana. La terza, infine, consiste nella descrizione dell'economia 'creativa' della grazia e del regno di Dio, all'opera secondo un incessante dinamismo, che ha per poli l'infinita ricchezza del mistero della Trinità e le domande più profonde della persona, e che conosce la sua più viva e adeguata espressione nella realizzazione dell'onore e della gloria di Dio.[104]

Altro filone di riflessione per il nostro autore, con importanti ricadute educative, è quello legato alla professione ed al lavoro. Troviamo alcuni importanti contributi nel saggio *A proposito del concetto di professione*:

> Per il fatto stesso di esistere e di avere una certa indole, ogni uomo possiede una missione 'naturale', riceve dal Creatore l'incarico di collaborare in questa determinata modalità al disegno di Dio per il mondo; e, inversamente, per la stessa e medesima ragione ogni uomo ha il diritto di aspettarsi che la totalità sociale gli sia d'aiuto, nel conseguire possesso e padronanza del suo lavoro e della sua professione.[105]

Tuttavia il rapporto con Dio non si esaurisce nel realizzare la propria inclinazione lavorativa e, anzi, può trovare compimento anche in una mancata riuscita professionale:

> Da un lato, la grazia è indipendente dalla natura, e con ciò anche dal lavoro e dalla professione. Nei loro confronti essa è sovrana, e rispetto al singolo uomo non è legata ad alcuna particolare forma di attività, né ad alcuna determinata predisposizione o conseguenza del carattere individuale. Ne viene, e ciò è un dato infinitamente incoraggiante, che conquistare la salvezza è questione solo di buona volontà. Se qualcuno, senza colpa, viene a trovarsi in una professione che non è la sua e non gli è più possibile lasciarla, resta comunque in grado, dal punto di vista etico e religioso, di giungere anche attraverso la professione sbagliata a piena salvezza. L''unica cosa necessaria' non è a tal punto vincolata alla professione, da stare o cadere insieme ad essa. Anzi, si può anche concepire il caso in cui la salvezza, proprio nel senso religioso della parola, richieda il sacrificio della professione; che, per amore della salvezza, un individuo debba rinunciare alle proprie inclinazioni e doti: ad esempio, nei numerosi casi in cui qualcuno, avvertendo chiaramente

[104] *Ibidem*, p. 177.
[105] *Ibidem*, p. 206.

l'imperativo morale che l'interpella, prende su di sé per la vita intera il peso di un lavoro al quale non l'avvicinano particolari doti o capacità.[106]

Non bisogna mai slegare la salvezza dalla propria professione, adeguata o meno che sia, perché la grazia e la natura sono strettamente collegate:

> L'uomo non diventa partecipe della salvezza soltanto come 'uomo in generale', che poi, oltre a ciò e indifferentemente, sarebbe ancora artigiano, agricoltore o medico, madre, assistente sociale o insegnante. No, egli la conquista proprio come agricoltore, come medico, come insegnante, come donna di casa. La grazia è data a quest'essere umano, individuo e concreto, che ha questi precisi tratti e non altri; perciò, essa è anche a priori specificamente indirizzata a lui come a un uomo, che si trova incardinato in questa determinata attività. Se intendiamo la professione nella piena accezione sopra descritta, la grazia che gli viene donata è sempre anche 'grazia della professione'.[107]

Occorre dunque tenere viva anche questa tensione: riconoscere il piano di Dio inscritto nelle nostre qualità e inclinazioni naturali, ma anche comprendere che il rapporto con Dio trascende la storia e la salvezza si dà anche laddove non vi è apparente realizzazione professionale.

Non si può certo non fare accenno al notevole successo degli scritti sulla liturgia pubblicati da Guardini in questo periodo, fra i quali spicca il ben noto *Lo spirito della liturgia*. Tuttavia occorre notare che nonostante l'approfondita riflessione dell'autore, non si ha particolare riscontro nell'esperienza da lui vissuta insieme ai giovani della *Juventus*. Occorre aspettare gli anni di servizio al *Quickborn* per vederne i risultati tangibili.

Complessivamente, il periodo della *Juventus*, seppure non abbia visto il pieno fiorire della personalità di Guardini, rappresenta il momento iniziale dell'attività pedagogica del prete magontino e ci consente di delineare alcuni tratti fondamentali, che verranno ripresi e sviluppati nell'attività ben più determinante al *Quickborn*.

Guardini ci consegna una memoria personale di questo periodo nell'opuscolo *Da un regno della gioventù*.

---

[106] *Ibidem,* p. 215.
[107] *Ibidem,* p. 216.

Per me, che ho avuto la possibilità di dedicargli tutta la mia cura e la mia attenzione, e per coloro che hanno condiviso con me quella esperienza, fino alla fine, la *Juventus* continua a vivere, nella memoria, come ciò che essa è stata nei fatti e nella verità: un regno della gioventù, in cui all'autorità era riconosciuto ciò che le spettava, l'obbedienza leale e sincera, messa alla prova e dimostrata dalle opere: coniugata, però, con lo spirito e l'atmosfera della più schietta e fresca autonomia. Un regno della gioventù, che tendeva con tutte le sue forze a unire l'autentica religiosità con la letizia e con una seria creatività spirituale.[108]

3.2 Le Lettere sull'autoformazione

L'esperienza con i giovani della *Juventus* consente a Guardini di maturare alcuni temi pedagogici di fondo che vengono arricchiti e approfonditi nel corso delle esperienze successive, in particolare nel *Quickborn.* Finita l'attività a Magonza, Guardini ha a che fare con persone di età maggiore rispetto ai giovani della *Juventus* e comprende che una formazione diretta non è sempre possibile. Si apre allora la prospettiva dell'autoformazione, un cammino sempre possibile, anzi dovuto, lungo il corso della vita di ogni persona.

Negli anni '20, Guardini comincia a pubblicare alcuni saggi con questa prospettiva su *Die Schildgenossen,* la rivista ufficiale del movimento di Rothenfels. Le pubblicazioni avranno un discreto successo nel corso degli anni e verranno successivamente raccolte nel volume *Lettere sull'autoformazione*, ben noto anche ai giorni nostri.

Propongo qui alcune riflessioni contenute in questo testo.

La parola verace

Per Guardini la parola e il parlare costituivano sempre una tale responsabilità e generavano una tale emozione che durante le sue lezioni accademiche (ma lo stesso accadeva anche per le sue prediche) si poneva totalmente a servizio della parola, tanto da uscirne sfibrato anche sul piano

---

[108] *Ibidem,* p. 295.

fisico, talmente vivo era in lui l'anelito a una comunicazione piena e veritiera, oltre che feconda di frutti spirituali.[109]

Questa descrizione di Guardini mostra come il tema della parola, tanto caro al nostro autore, lo riguardi molto da vicino. Egli stesso infatti vive una profonda passione per la comunicazione della verità e questo lo rende più incisivo nell'educazione che propone ai giovani.

Una delle *Lettere sull'autoformazione* ha come titolo proprio "La parola verace". L'incipit mostra chiaramente l'intento educativo dello scritto, ma anche l'esperienza acquisita dal nostro autore.

> Ogni giovinezza schietta e viva sta sotto il segno della veracità. Dallo spirito di verità ha origine ciò che in essa può diventare grande e duraturo. Ha un vero spirito giovanile solo quegli in cui è viva la seria, forte e lieta volontà di vero. Egli deve tendere a liberarsi da ogni realtà menzognera; deve diventare schietto nel suo sentire; non contraffarsi; deve lottare per un giudizio chiaro su ciò che è puro e naturale; deve volere diventare semplice nella sua indole, sincero verso Dio, gli uomini e se stesso. Deve sapere guardare in faccia le cose e deve avere il coraggio delle proprie opinioni.[110]

L'ideale è alto, fin da subito. Prende forma una linea chiara su come deve essere un giovane: dedito alla verità. Non si tratta di una verità generica: «La nostra veracità deve essere a servizio di Dio».[111] La verità si sprigiona a partire da questo rapporto essenziale, già delineato nella riflessione a proposito della persona: solo Dio infatti è la verità e solo grazie a Lui anche l'uomo può conoscere e fare esperienza della verità. Ma vale anche l'opposto: ogni uomo che cerca sinceramente la verità, è già incamminato verso il regno di Dio.

Si delinea anche una missione per l'uomo: combattere la falsità, la slealtà, l'ipocrisia per edificare il regno di Dio, che è il regno della verità. Questa battaglia comincia anzitutto da sé stessi, se siamo genuini nel nostro modo di essere.

Guardini si interroga sulle possibili cause per cui l'uomo è spinto a non dire la verità. Innanzitutto per timore delle conseguenze che la verità può portare. Oppure

---

[109] S. ZUCAL, *"La parola verace". Educazione e parola in Romano Guardini*, in G. FABRIS – G. A. FACCIOLI (edd.), *Romano Guardini e la pedagogia. L'educazione come compito e valore*, op. cit., p. 88.

[110] R. GUARDINI, *Lettere sull'autoformazione*, Morcelliana, Brescia 1994, p. 15.

[111] *Ivi*.

per soggezione di fronte a qualcuno che irride le altrui convinzioni. Si mente anche per vanità, per essere ritenuti grandi presso famigliari e amici. Si mente anche per fedeltà, convinti di aiutare un amico in difficoltà. In tutti questi casi si tratta di una vittoria delle tenebre sulla luce.

Guardini usa un'immagine forte: «La verità è una spada che si brandisce per Dio».[112] Questo non vuol dire essere violenti: la verità va detta con accortezza, in modo che non sia offensiva. Occorre essere prudenti quando si dice la verità, specialmente se si tratta di una dura verità. Talvolta la verità va detta a suo tempo perché ci sono circostanze in cui bisogna saper tacere, specialmente se si arreca più danno che giovamento con la verità.

Guardini scende in profondità e si sofferma sull'"accortezza" nel dire la verità:

> Quel che si ha da dire, si dica, piaccia o no agli altri. Si deve anche essere pronti a sopportare le conseguenze. Ma è bene domandarsi se questo dire procede realmente dalla verità. La verità deve essere detta, ma con "accortezza", cioè con profondo rispetto.[113]

In sostanza Guardini ci dice che «non si può staccare la verità dall'amore».[114] Dio è verità ma è anche amore, occorre dunque tenere insieme questi due elementi per realizzare il suo regno.

L'autore ci insegna che la verità si comunica anche attraverso il corpo: è importante soprattutto utilizzare bene lo sguardo, saper guardare negli occhi la persona quando si trasmette la verità.

Per saper utilizzare correttamente la parola, senza rimanere schiavi del parlare per il gusto di parlare, occorre saper vivere la dimensione del silenzio. Accanto al silenzio, di pari passo, va la solitudine: talvolta si è spinti a mentire solo per i sentimenti che suscita la presenza di una persona. Nella solitudine invece entriamo in contatto con la nostra coscienza e, tramite essa, con Dio. Solitudine e silenzio, sia

---

112 *Ibidem*, p. 19.
113 *Ibidem*, p. 22.
114 *Ibidem*, p. 23.

esteriore che interiore, conducono a una maggiore percezione della verità. In questo modo «Il silenzio ci insegna a parlare».[115]

Tutto questo per Guardini diviene oggetto dell'esame di coscienza, prima del riposo notturno. Occorre verificarsi su quanto abbiamo contribuito all'affermarsi della verità, del regno di Dio, quanto l'abbiamo fatto con amore, quanto l'abbiamo fatto per noi stesso o disinteressati. Occorre chiedere a Dio la forza per riuscire ad attuarla nel giorno successivo, nello sguardo e nella parola.

La serietà dell'agire

Altra lettera di rilievo è quella intitolata "La serietà nell'azione". Anche qui le prime pagine sono subito incisive:

> Non ci si accorge della schiettezza di un alto scopo, di un sentimento di entusiasmo, prendendo in considerazione le ore solenni; bisogna riferirsi invece a ciò che è di tutti i giorni. Non attraverso le grandi decisioni è dato scorgere il grado di serietà dell'azione, bensì nel piccolo lavoro quotidiano. Fare sul serio, concepire la realtà con alti intendimenti, significa informare di tali disposizioni di spirito la propria vita quotidiana e le mille piccole circostanze di ogni giorno.[116]

Un agire serio è un agire capace di costanza nella propria quotidianità, nel rispetto dei propri doveri.

Lo stesso vale per quanto riguarda la responsabilità. Vi è chi parla di grandi responsabilità verso il popolo, la gioventù, l'umanità. Questo, per Guardini, non è segno di vera responsabilità.

> Chi vuol prendere sul serio la responsabilità non può cominciare astrattamente dal popolo o dalla cultura. Tale responsabilità resta una cicalata. Egli deve prendere le mosse dove la responsabilità lo riguarda immediatamente; deve chiarire a se stesso quali effetti produrranno sugli altri i suoi discorsi; deve condurre a termine coscienziosamente i suoi impegni.[117]

La vera responsabilità, la serietà dell'agire, si vede nella quotidianità e non nelle espressioni astratte.

Qui entra in gioco il rapporto con gli altri uomini. L'ideale in questo campo è la "comunanza", il saper vivere con gli altri uomini. Anche questo si fonda sulla

---

[115] *Ibidem*, p. 26.
[116] *Ibidem*, p. 48.
[117] *Ibidem*, p. 53.

quotidianità, sul saper mantenere gli impegni anche quando non si ha voglia, anche quando non si ha più gioia, anche quando è più difficile.

Non occorre aggiungere molte altre parole: questo è già un completo programma di vita.

La preghiera

La quinta delle *Lettere sull'autoformazione* ha come titolo "La preghiera".

Per Guardini la preghiera è una forma di amore. Ma non solo una forma, è "la" forma di amore più vero: «l'amore esplica le sue forze migliori quando è diretto a Dio, quando diventa preghiera».[118] Non si tratta di un modo di amare spontaneo o immediato in quanto occorre imparare a fuggire l'agitazione per essere tranquilli e raccolti; mettere da parte le distrazioni e mettersi in ascolto di un Dio silenzioso ed invisibile, che parla nel profondo. Nella preghiera ci si fa più vicini anche a noi stessi e si vedono le cose più chiaramente. Si entra nel mondo del soprannaturale e della grazia.

Nonostante tutto il nostro essere tenda alla grazia, come mèta suprema, tuttavia incontriamo resistenze in noi. Viviamo in questa contraddizione: ne abbiamo bisogno eppure ci rifiutiamo di viverla con dedizione.

Guardini allora ci invita a considerare la preghiera quotidiana. Occorre che la nostra giornata abbia inizio con la preghiera. L'autore, proponendo degli esempi di preghiera, sottolinea alcuni punti determinanti: l'offerta della giornata, l'invocazione dello Spirito, la sequela di Cristo, l'orientamento al Padre e la pace presso di Lui, il Padre nostro, la Trinità, la Madonna definita «mistero più soave della nostra fede»[119], l'Angelo custode. Se si comincia tenendo presente questi principi, ci si lega alla sorgente stessa della forza.

Siamo invitati a rivolgere lo sguardo a Lui anche durante la giornata, brevemente, per rinvigorire la volontà e purificare lo sguardo.

Importante anche la preghiera prima dei pasti, come rendimento di grazie per il dono della vita.

Alla sera si sottopone ad esame la propria vita, come conclusione in Dio, in

---

[118] *Ibidem*, p. 66.
[119] *Ibidem*, p. 71.

silenzio e soli con Lui. Tutto si risolve nella fiducia e nel ringraziamento.

L'esame di coscienza, secondo Guardini, parte dal chiarirsi ciò che di sbagliato abbiamo compiuto nella giornata, riconoscendolo e poi liberandosene, chiedendo perdono. Poi si affida tutto ciò che ci sta a cuore, della nostra vita, di chi ci sta intorno e del mondo intero, in particolare chi soffre ed è lontano da Dio.

L'autore ci mostra così una traccia possibile di preghiera che è capace di farci fare molti progressi e di andare sempre più in profondità.

Per Guardini la preghiera è efficace solo se fatta regolarmente e non solo a sentimento, ma con un certo ritmo. Così si cresce e si diventa indipendenti dalle circostanze esteriori, che non significa per forza fare pressioni sull'anima.

La preghiera non è immediata, dunque occorre preparazione. Non si comincia bruscamente, occorre lasciare la tensione e trovare uno stato di tranquillità: il raccoglimento. Se si perde questo raccoglimento occorre ristabilirlo.

Allo stesso modo anche dopo la conclusione non si può affrettarsi subito. Basta anche solo un momento, per lasciare risuonare le parole appena dette dentro di sé. Anche la personale cura esteriore contribuisce a un buon momento di preghiera: si tratta di rispetto verso Dio. I due aspetti sono connessi.

Un rilievo degno di nota riguarda la posizione del corpo:

> Non bisogna che tu sia seduto o sdraiato, anche se sei stanco. Certo si può pregare in ogni posizione, ma ognuna di esse influisce sull'anima. Se il corpo è indolente, tale diventa facilmente anche l'anima. Possiamo inginocchiarci o stare in piedi. Piegarsi esprime sottomissione e rispetto davanti a Dio infinito. Noi rinunciamo in questo modo alla grandezza fiduciosa della nostra forma. Stare ritto in piedi, d'altra parte, esprime una forte, gioiosa disposizione. (...) Se uno lascia che le mani penzolino fiacche, allora probabilmente anche il suo spirito è fiacco. Se le congiunge indolentemente, mostra che non gliene importa nulla della preghiera. Teniamole come si deve. La mano ha il suo proprio linguaggio: rendiamocene conto.[120]

La preghiera ha una grande importanza, occorre che stiamo attenti a come preghiamo. La lettera si conclude in modo deciso:

> Resti ben fermo che i nostri atti dipendono in gran parte da come preghiamo, o da come altri hanno pregato per noi. Le grandi opere sono sempre sorrette dalla preghiera.[121]

---

[120] *Ibidem*, p. 82.
[121] *Ibidem*, p. 84.

La vita politica

Affronto ora un ultimo aspetto importante trattato nelle *Lettere*, quello della vita politica.

Guardini parte confutando una falsa idea di stato, ritenuto oppressivo o avverso.

> Lo Stato non ha una vita propria. Certo ha sue proprie radici e la sua autorità gli viene, in ultima istanza, da Dio. Ma, non dimentichiamolo, lo Stato si fonda anche sulla nostra libera attività, altrimenti non faremmo altro che lasciarci passivamente governare; e questo non è degno di noi.[122]

Certo ci sono stati momenti nella storia in cui era evidente che lo stato non agiva per il bene dei singoli o lo metteva in secondo piano. Ma l'autore ribadisce il concetto:

> Lo Stato è, nella sua essenza più schietta, un compito che Dio ci ha affidato. Adempiendolo, attuiamo una delle più alte creazioni della forza umana.[123]

Lo stato può smettere di essere una macchina rigida se esso vive, se scaturisce dal nostro stesso comportamento. L'autore usa l'espressione "Stato in noi" per mostrarci quanto deve inerire alla nostra esistenza. Occorre che acquisiamo un retto senso dello stato, di cosa esso sia e di quali siano le sue esigenze. Ed anche qui, come abbiamo notato nelle precedenti lettere, l'interesse principale va al quotidiano. Solo così si diventa disposti alla politica in modo naturale, in ogni gesto.

Un primo senso da acquisire sembra fuori luogo per le nostre orecchie:

> Lo stato non ha solo uno scopo, ma anche un senso molto più profondo: è una dignità sovrana. Non per sé, ma per divina investitura (...) un'espressione della maestà divina.[124]

A noi può sembrare anacronistica questa affermazione. Essa invece nasce da una visione profondamente cristiana della realtà, dove anche le istituzioni umane hanno un certo riferimento alla vita divina.

Strumento fondamentale dello stato è il diritto, che ha la funzione di proteggere la libertà, la vita e la proprietà. Più precisamente: il diritto garantisce ciò che è giusto nei rapporti umani.

---

[122] *Ibidem*, p. 150.
[123] *Ibidem*, p. 151.
[124] *Ibidem*, p. 155.

Nel nostro tempo, questa visione di stato si va sempre più affievolendo ed esso viene ridotto quasi a un mero esercizio commerciale o industriale: prevale solo l'aspetto economico. Si perde così anche il carattere di rappresentante di Dio nell'ordine naturale. Già ai tempi di Guardini, sembra che lo stato tuteli solo il calcolo economico e l'ordine borghese, ad esso finalizzato. Ciò che si perde sono i valori. Secondo Guardini, nonostante le ingiustizie da sempre perpetrate ad opera del potere politico, in passato si aveva almeno il senso dello stato. Oggi il senso dello stato e della sovranità sta scomparendo dalle anime e la legge viene disprezzata.

Mostrare di nuovo il valore dello stato non è un compito solo dei suoi rappresentanti, ma di ciascuno.

> Lo Stato ci si fa incontro nella persona dei suoi rappresentanti; ma incarnare la vivente sovranità dello stato nel proprio ufficio con tutta semplicità e naturalezza, questo lo può soltanto chi lo afferma in ogni suo atto.[125]

Questo non significa abolire le critiche o avere un atteggiamento buonista. Si tratta solo di chiarire che il punto di partenza è il "sì" allo stato e alla sua sovranità. Anche la critica deve tenere conto dell'onore dovuto verso lo stato.

> Dietro ad ogni critica deve stare il rispetto, e la intuizione di quando, dove, come e davanti a chi, la critica debba attuarsi per essere critica costruttiva e non pura denigrazione.[126]

Guardini parte ancora dal quotidiano.

> Il comportamento che dobbiamo tenere nell'attività dello Stato non viene in luce solo quando dello Stato stesso si tratta in modo diretto ed immediato, ma ogni qualvolta ci stia davanti qualche cosa che implichi il concetto di diritto, di valore, di onore.[127]

Per l'autore, è essenziale riuscire a vivere questa dimensione nella vita di ogni giorno. Sono i rapporti comuni che ci educano al senso dello stato: il modo in cui consideriamo l'autorità dei genitori, dei nostri capi sull'ambiente di lavoro, i nostri insegnanti a scuola. Se da noi vengono considerati solo come un peso o un ostacolo, difficilmente si avrà nell'uomo una vera disposizione politica. Viceversa, se si percepisce in essi un valore, allora si assume lo "Stato in noi" e si diviene capaci di vero interesse anche verso le grandi questioni politiche.

---

[125] *Ibidem*, p. 159.
[126] *Ibidem*, p. 160.
[127] *Ibidem*, p. 161.

Guardini introduce anche un altro concetto fondamentale legato alla politica: il concetto di "popolo".

> Il popolo non è che il complesso degli uomini con tutto ciò che essi sono nel corpo e nell'anima, nella loro particolare realtà. È l'eredità che viene agli uomini dalla terra e dal paese; la loro vita di lavoro, la loro professione; ciò che essi hanno sofferto nel passato; la forza espressiva della parola; gli usi e costumi; le favole e le leggende; il modo di vivere, di costruire, di aver rapporti fra loro ... Questo e molto altro ancora appartiene al concetto di popolo. È un tutto unico dove funge da mezzo di collegamento una forza originaria che fa sì che non ci sia solo un cumulo di elementi singoli, ma una vera e propria unità vivente. (...) Nello stato il popolo diventa capace di agire, di avere una storia.[128]

Da qui allora si comprende cosa sia la politica.

> Politica significa che un popolo vive nello stato, agisce nello stato; (...) Ma come può nascere una tale unità di azione? Solo se l'opinione e la volontà del popolo giungono a manifestarsi, si dà vero popolo e vero Stato; se sono valorizzate le forze che vivono nell'intimo del popolo; se non domina un singolo o una classe, i funzionari o i diplomatici, ma se è la totalità stessa che si muove, e se ne risulta l'attuazione di una comunità vivente; se lo Stato è veramente l'espressione di questa particolare "vita di popolo"; se i singoli prendono parte alla vita di questo Stato e sanno di esserne garanti; se il parlamento esiste allo scopo di parlare apertamente e di formare la volontà e l'opinione comune; se l'autorità ha la funzione di unire le forze disperse; se il dirigente politico sa di operare in nome di tutto il popolo e per il suo vantaggio; e se il popolo sa di aver bisogno di tali energiche individualità, le riconosce e confida in loro. Comportamento politico significa agire in modo che si facciano realtà un simile Stato e un simile popolo.[129]

Occorre notare la forte attualità di queste parole, che spingono a un vivo interesse del cittadino verso la politica e ad un impegno umile e deciso da parte di governa. Tuttavia è lo stesso autore che constata come spesso si trattino di grandi ideali che non trovano facile riscontro nella realtà. Anche al tempo di Guardini spesso l'attività dei politici si riduce a polemica verso l'avversario o a un discorso di partito, che conduce solo alla confusione. Questo atteggiamento non aiuta lo stato ma lo distrugge. Si tratta più di una barbarie che di uno stato.

Ad amplificare il problema non è solo l'atteggiamento di singoli deputati ma anche quello di partiti interi e dei giornalisti.

La coscienza del singolo deputato dovrebbe essere quella di sentirsi rappresentante

[128] *Ibidem*, p. 162.
[129] *Ibidem*, p. 163.

del popolo e non del partito. E lo è in quanto sostanzialmente legato agli altri deputati, con i quali deve formare un'unità vivente. Dalla sua capacità di collaborare e porsi in modo costruttivo si capisce se un deputato ha veramente a cuore il bene dello stato. Ciò non significa accondiscendere a tutto, ma occorre innanzitutto porsi in atteggiamento di ascolto e valorizzazione delle posizioni comuni positive.

Dietro al politico si cela sempre l'uomo comune, l'uomo che affronta discussioni con conoscenti e amici, che si rapporta con persone provenienti da molti ambienti della società. L'uomo che vive nell'ordinarietà della vita del popolo. Per questo Guardini ribadisce:

> Lo Stato in noi: di fronte agli amici, ai genitori, ai fratelli, ai compagni di scuola, nel gruppo, in ufficio, alla fabbrica ... perché proprio qui si decide. Infatti sia detto una volta per tutte: lo Stato non nasce solo in parlamento e nel deputato, ma comincia a prendere forma a scuola, in famiglia, nel circolo di conversazione, all'ufficio. Chi non lo costruisce in questi luoghi e circostanze, temo che non lo costruirà nemmeno altrove.[130]

Elemento essenziale per costruire l'identità e le relazioni di un popolo e dunque anche l'attività dello stato è la lingua. Attraverso la lingua si costruiscono ponti tra interiorità e interiorità e si realizza così anche il popolo e lo stato. Il timore dell'autore è che questo canale venga corrotto e possa diventare strumento di inganno. In particolare, la corruzione può avvenire in tre punti precisi: la promessa, il giudizio e l'opinione pubblica.

La promessa consiste nell'«avvenuta decisione di auto-obbligarsi nei confronti di qualcuno con la parola».[131] Se la promessa poi avviene da entrambi i lati allora si parla di contratto. Entrambe queste modalità sono utili alla formazione e alla crescita dello stato, contando che una promessa o un contratto valido danno fondamento allo stato. Il problema sorge quando queste promesse vengono infrante. Occorre rendersi conto di questo: le promesse rispettate costruiscono un solido terreno per lo stato, le promesse infrante distruggono ciò su cui poggia lo stato.

Altra espressione della parola è il giudizio. Il giudizio è un modo di esprimere opinioni su persone o situazioni in modo solido, così che altri possano fidarsi. Sui giudizi si fondano le azioni.

Infine esaminiamo l'opinione pubblica: «Opinione pubblica è il punto di vista

---

[130] *Ibidem*, p. 171.
[131] *Ibidem*, p. 172.

della popolazione di una regione, di una parte o di tutti gli abitanti e gli appartenenti a uno Stato intorno a un dato argomento; intorno a personalità, popoli stranieri, avvenimenti, difficoltà e così via».[132] Anche in questo caso, più l'opinione pubblica corrisponde alla realtà, più lo stato avrà una politica sicura.

Viceversa una opinione pubblica falsata porta lo stato alla rovina, come accade a volte nel caso di una guerra. La falsificazione dell'opinione pubblica porta poi sfiducia, mentre l'atteggiamento principale dovrebbe essere quello della fiducia. La colpa di tutto questo non è solo del politico o del giornalista, ma è di ciascuno di noi. Noi possiamo diventare a nostra volta, consapevolmente o meno, propagatori di falsità o di giudizi erronei. L'opinione pubblica viene influenzata non solo da chi detiene gli organi di comunicazione di massa, ma da ogni singolo, che può rendersi colpevole o meno di aver diffuso notizie false. Questo risulta tanto più evidente oggi, nell'influenza che può avere il singolo nella diffusione di notizie nei *social media*. Il giudizio è chiaro:

> Chi infrange fede e credenza, promesse e patti, chi rende infide le asserzioni, è un nemico dello Stato, sia egli privato cittadino o alto funzionario, a qualunque partito egli appartenga.[133]

Per Guardini la politica è un servizio al popolo. Questo servizio consiste innanzitutto nella conoscenza del popolo stesso, dalla sua essenza alla sua quotidianità. Si tratta di conoscere il passato del popolo, seguirne le tracce, rimanendo ben ancorati al presente.

Servire significa anche saper comandare in forza dell'autorità statale: «Il comando deve essere espresso in nome della carica e dell'ufficio che sosteniamo, bisogna perciò essere convinti dello Stato».[134] Il comando si pone di fronte a persone libere e va espresso nel rispetto di questa libertà. Chi obbedisce non lo fa per servilismo ma perché riconosce l'autorità che lo comanda: «Comportamento politico significa saper comandare e saper ubbidire».[135]

Servire significa anche riconoscere le doti di ognuno e saperle valorizzare, in

---

[132] *Ibidem*, p. 175.
[133] *Ibidem*, p. 178.
[134] *Ibidem*, p. 180.
[135] *Ivi*.

modo che ognuno abbia il proprio ruolo all'interno della nazione. Significa anche riconoscere il valore dell'esperienza e saper valorizzare chi la possiede.

Avere comportamento politico significa stare nella propria epoca, partecipando al dolore e al destino comune.

> Il modo in cui si legge un giornale, con cui si conduce una conversazione, con cui si accettano le responsabilità derivanti da una parola o da un fatto, denotano profondamente se ci poniamo in linea con gli altri o se facciamo eccezioni in nostro favore, se sappiamo partecipare a una situazione amara e umiliante, o se cerchiamo di sottrarcene. E molte alte cose ancora dello stesso genere. Proprio in tutto questo si concreta o no l'atteggiamento politico.[136]

Conclusione

Il volume delle *Lettere* contiene molti altri temi che non sono stati affrontati in questa sede. Rimane intatto però lo stile di fondo: una proposta autorevole per un'autoformazione, trattando temi educativi fondamentali con attenzione all'esperienza quotidiana dei giovani a cui si rivolgono.

3.3 La credibilità dell'educatore

Uno dei testi più noti di Guardini riguardo all'educazione è sicuramente questa breve raccolta di riflessioni intitolata *La credibilità dell'educatore*. I testi sono trascrizioni di incontri che il teologo teneva a Rothenfels nel 1928 a insegnanti ed educatori, dopo la sua elezione a responsabile principale del movimento. Essi esprimono alcune linee guida riguardo all'educazione, certamente valide anche ai giorni nostri.

Tutto parte da una domanda che l'educatore sente sorgere dentro di sé: «Perché mai hai proprio deciso di educare un'altra persona?».[137]

Guardini riconosce che la spinta all'educazione non parte da un senso di perfezione personale. L'educatore non è uno già "a posto". La posizione adeguata

---

[136] *Ibidem*, p. 183.

[137] R. GUARDINI, *Persona e libertà. Saggi di fondazione della teoria pedagogica*, op. cit., pp. 221-222.

viene chiarita sin dall'inizio: «Io stesso lotto per essere educato. Questa lotta mi conferisce credibilità come educatore».[138] Educare allora non è imporre delle risposte in forza della propria perfezione, ma infondere alla persona coraggio verso se stessa, aiutarla a conquistare la propria libertà. Il coraggio viene proprio dal fatto che io stesso mi protendo e mi affatico per crescere. L'autore insiste: «È proprio il fatto che io lotti per migliorarmi ciò che dà credibilità alla mia sollecitudine pedagogica per l'altro».[139]

Da un punto di vista cristiano questo significa aiutare l'altra persona a trovare la propria strada verso Dio. Non è possibile aiutare l'altro in questo se non si è noi stessi per primi alla ricerca della via verso Dio.

Tutto parte dall'educazione di se stessi. Una prospettiva educativa particolare è quella che considera l'uomo come mosso da una energia vivente, che può essere orientata al bene o al male. Innanzitutto occorre riconoscere che dentro l'energia si cela un pericolo, che va dominato. L'impulso non può essere negato o rimosso, altrimenti si ottengono effetti negativi. L'impulso è l'energia vitale stessa dell'uomo. L'impulso, «tuttavia, si dispiega soltanto nella disciplina. Proprio in quello che rappresenta per me un pericolo, devo scoprire la forza».[140] Il punto su cui fare leva, il punto archimedico per tutto ciò che è bene si trova nell'uomo e sta all'educatore trovarlo ed utilizzarlo.

Vi sono due modi per coltivare il bene, in noi e negli altri. Il primo è la crescita, l'evolversi naturale della persona. Il secondo è l'esercizio e parte da un giudizio e una decisione intima dell'uomo.

La crescita conosce periodi di fioritura e di vigore e altri di debolezza Occorre discernimento per saper riconoscere cosa sta crescendo in noi.

L'esercizio parte invece dalla coscienza di ciò che dovrebbe esserci e non c'è. Si forma un proposito di migliorarsi, di fare ordine in me. Si permane in questa disposizione d'animo. Capita certamente di dimenticarsi ciò che ci si era proposti o anche di non avere più la voglia di rimanere nel proposito. Tutto questo va vinto e tale attività si chiama proprio l'esercizio.

---

138 *Ibidem*, p. 222.
139 *Ivi*.
140 *Ibidem*, pp. 225-226.

L'esercizio ottiene una "virtù". Ottiene che cada gradualmente la scorza delle resistenze e delle reazioni emotive fino a giungere alla verità, a cui è legato l'amore. Occorre pazienza e costanza per ottenere questi risultati.

Una opposizione proficua per l'educazione è quella fra adempimento e superamento.

In noi premono impulsi di ogni genere che esigono soddisfazione. Certamente Dio ha creato noi e i nostri impulsi affinché vi sia un corretto adempimento. Non si tratta di seguire semplicemente l'istinto, che inganna. Ed è qui che subentra l'esercizio del superamento, che si oppone alla soddisfazione. Occorre essere coscienti che in noi lavora anche il peccato e non sempre è possibile fidarsi di sé stessi, per questo a volte si attua un superamento e una rinuncia. In questo modo si ottiene libertà dall'impulso, che di per sé tende a diventare tirannico.

La rinuncia porta poi a un più profondo adempimento dell'impulso stesso. L'impulso tende di per sé a una realizzazione facile e comoda, ma il superamento porta a scoprirne dimensioni profonde e nascoste.

Anche qui occorre un corretto discernimento: «Solo nella tensione vicendevole fra adempimento e superamento l'uomo si perfeziona davvero integralmente».[141]

Educare significa anche rendere coscienti dei propri limiti umani, che diventano per noi anche una forma. Solo grazie al fatto che sono una forma posso avere serena consapevolezza di me: «Ogni uomo è uscito con un'indelebile impronta dalla mano di Dio. Dobbiamo esserne certi, e diventarne coscienti; poiché noi consistiamo in essa».[142]

Chiaramente questo non è sufficiente per l'uomo:

> Non c'è nulla di più importante per la sua intima formazione, del fatto che egli incontri un uomo davvero grande, e sperimenti l'influsso della sua figura (...) un santo cioè, vale a dire un uomo che non solo è umanamente grande, ma nel quale hanno preso forma anche la ricchezza e la pienezza di Dio.[143]

---

[141] *Ibidem*, p. 231.
[142] *Ibidem*, p. 232.
[143] *Ibidem*, pp. 232-233.

L'uomo che incontra una tale figura è chiamato a seguirla e a lasciarsi plasmare da essa, senza dimenticare che ognuno deve realizzare se stesso per quello che è. Occorre che sia la figura giusta perché il nostro cammino giunga a buon fine.

L'educazione si inserisce nell'ambito dell'azione divina. La nostra nascita è piena di mistero, così come lo è il nostro compimento. L'educatore aiuta l'educando a credere che Dio stesso lo guida alla realizzazione piena e libera della sua esistenza, che il mondo è nelle sue mani: «che in ogni istante il mistero dell'azione del Dio vivente penetra il mondo».[144]

3.4 Fondazione della teoria pedagogica

Un ultimo saggio che prendo in considerazione è la *Fondazione della teoria pedagogica*. Si tratta di uno scritto maturo, pubblicato nel 1965, pochi anni prima della sua morte, quando dunque il teologo di Verona è nella fase di riflessione su tutte le esperienze educative vissute nella propria vita e ricco di uno sguardo maturo sulla propria epoca.

La riflessione si apre con la prospettiva drammatica dell'epoca moderna, in cui «ogni ambito cerca di trovare il proprio fondamento in se stesso».[145] In questo modo si perde una visione unitaria del mondo.

Anche la pedagogia è alla ricerca di un proprio ambito specifico e un fondamento autonomo. Questo desiderio, secondo Guardini, è buono nel suo fondamento. Tuttavia occorre chiarire che non esiste un attività pedagogica che non sia in se stessa orientata e non conduca ad una meta.

L'educazione di sé è degli altri ha una meta: «è lo stimolo a promuovere quel passaggio dall'ambito della possibilità vivente a quello della vivente realtà; a comprendere la sua essenza e la modalità della sua attuazione».[146] Questo dinamismo però non è meccanico, ma sottostà alla libertà umana, dalla quale può essere accettato o rifiutato. La libertà si esprime a livello morale con la responsabilità. Ogni uomo è mosso verso la propria realizzazione, ma è libero ed è sua propria

[144] *Ibidem*, p. 236.
[145] *Ibidem*, p. 49.
[146] *Ibidem*, p. 56.

responsabilità il fatto di accettarla o meno. La libertà fa sì che gli impulsi non vengano azzerati, ma assunti su un piano più conforme alla dignità dell'uomo.

Ritorniamo al punto iniziale: la pedagogia, come molti altri ambiti del sapere, aspira a una propria autonomia. Questo significa distaccarsi anche dall'ambito religioso e da ogni finalità oltremondana, con la pretesa che «esista una teleologia puramente pedagogica, in sé chiusa e perfettamente attuabile».[147] Si tratta di una profonda slealtà in quanto la fede nell'esistenza di Dio orienta in modo decisivo la pedagogia, non è possibile agire come se Egli non fosse. Si tratta di una profonda slealtà. Guardini lo esprime in modo deciso: «La realtà del Dio vivente, il fatto storico della Rivelazione e dell'Incarnazione mettono definitivamente al bando l'assoluta autonomia pedagogica».[148]

Formazione non è conseguire verità, bontà etica o prestanza estetica: formazione è rendere l'uomo "forma vivente", il suo volto autentico. La forma vivente è legata non alla dimensione biologica o psichica, ma a quella spirituale dell'uomo, dunque alla conoscenza, alla libertà e all'azione. Significa riportare l'uomo alla sua vera immagine e somiglianza, a Dio.

L'originalità irripetibile della forma vivente è espressa dal nome il quale, poiché l'uomo è essere creato, deriva essenzialmente da Dio stesso. Lo spirito dunque non è autonomo nel costituire la forma vivente dell'uomo, ma deriva dalla volontà del Creatore e Legislatore, da Dio.

Questo modo di vedere la formazione reca in sé il rischio di voler plasmare l'essere perfetto, il semidio isolato. Per questo all'idea di forma vivente occorre affiancare l'idea di uomo che vive e cresce nell'incontro e nella verifica. Occorre tenere uniti i due aspetti: «Entrambi i movimenti vivono d'una vicendevole relazione dialettica. L'uno permette di evidenziare chiaramente i limiti e le possibilità distruttive dell'altro (...) Lo specifico "elemento" pedagogico consiste nel punto dialettico di intersezione di quelle due strutture di determinazione».[149] Eccoci dunque giunti al punto: lo specifico della pedagogia si colloca tra la realizzazione della persona e l'incontro con l'altro, che da ultimo significa incontro con Dio.

---

[147] *Ibidem*, p. 62.
[148] *Ibidem*, p. 63.
[149] *Ibidem*, p. 82.

In modo più approfondito, Guardini sostiene che «il momento immanente del fatto pedagogico, che costruisce se stesso sulla polarità di forma vivente e movimento, sta di fronte a quello trascendente, al momento cioè dell'oggetto e della dedizione ad esso».[150] Immanente e trascendente vanno tenuti insieme nell'attività pedagogica. In questo modo l'autore ha definito in modo più chiaro quale sia lo specifico pedagogico: mantenere la tensione tra lo sviluppo della persona e la sua capacità di relazionarsi con l'Altro, con Dio.

[150] *Ibidem*, p. 91.

Conclusione

Compiere un lavoro accademico completo sulla figura di Romano Guardini è un proposito che rasenta l'utopia. La produzione di questo teologo è così sterminata e la sua personalità talmente ricca che non è possibile condurre una riflessione esaustiva in una ricerca limitata quale quella che ho esposto in questo elaborato. Tuttavia emergono alcuni punti che possono essere di grande aiuto a chi desidera vivere con serietà un cammino educativo cristiano.

Innanzitutto Guardini, di cui sono state riconosciute le virtù eroiche nel processo di canonizzazione in atto, si pone come un modello di esistenza cristiana. Come abbiamo visto, fin dalla giovane età la preghiera e la serietà nello studio hanno plasmato la sua personalità. Egli ha vissuto in modo drammatico il difficile momento della scelta dell'università e della ricerca della propria vocazione, affrontando anche diversi fallimenti con il conforto di poche amicizie. Dopo una seria ricerca interiore, riscoprendo le ragioni della propria fede e il desiderio di donare se stesso nel rapporto con Dio, comprende che la sua strada è il sacerdozio e lo studio della teologia. Questo lo porterà a diventare un grande insegnante ed un fine educatore, nonché autore di opere che anche oggi plasmano il pensiero di cristiani assetati di verità. Tutto questo avviene in lui nel rispetto di una propria originalità inconfondibile, che lo porta ad una certa solitudine in diversi ambienti, come in quello accademico ed ecclesiastico.

La fedeltà alla sua opera lo porterà anche all'isolamento negli anni del regime nazista, dal quale è ritenuto non conforme all'ideologia del Reich. Per questo pagherà con l'esclusione dall'Università e la soppressione del suo Movimento, ai quali aveva dedicato molto tempo ed energie.

Dopo il conflitto mondiale, verrà di nuovo chiamato all'insegnamento in università a Tubinga e Monaco per molti anni. La sua attività educativa si concentrerà soprattutto nella predicazione e nella pubblicazione di saggi.

Dopo numerosi riconoscimenti, fra i quali la proposta (rifiutata) di elezione a cardinale, Guardini muore nel 1968. Di recente è stata aperta la causa di canonizzazione, tutt'ora in corso. Questo è sicuramente uno stimolo in più per conoscere e approfondire il rapporto con questa figura eminente del secolo scorso.

Nel secondo capitolo ho esposto in sintesi la sua visione sulla persona umana e su ciò che la riguarda. Nonostante la complessità e la profondità del suo pensiero, emergono due idee chiare e fondamentali: la persona si caratterizza per la sua autoappartenenza e per la sua relazione con Dio.

Autoappartenenza è una caratteristica essenziale della persona in quanto la rende ontologicamente differente da ogni altra creatura che la circonda. La persona infatti possiede coscienza e libertà, è capace di incontro con la realtà ed in particolare di rapporto con altre persone.

Relazione fondamentale, in cui l'uomo nasce, è la relazione con Dio. Si tratta di una relazione connaturata all'uomo, che egli è libero di accettare o meno, con il rischio della distorsione della sua vita e, conseguentemente, della morte eterna. Se invece viene accettata consapevolmente, specialmente nell'ambito della rivelazione cristiana, la persona viene innestata nell'esistenza stessa di Cristo, erede della sua stessa vita eterna.

L'ultimo capitolo esprime in parte l'attività ed il pensiero pedagogico di Guardini. La prima parte è dedicata agli anni di servizio presso l'associazione giovanile *Juventus*. In quegli anni Guardini matura un'esperienza semplice ed essenziale di educazione che ha sviluppo nella successiva direzione del movimento denominato *Quickborn*. Fulcro della sua educazione è una vita intensa nella compagnia cristiana, in cui si approfondisce la fede e si vive l'amore fraterno in modo conforme alla propria età.

I temi di maggior rilievo emergono soprattutto nelle *Lettere sull'autoformazione* e riguardano ogni aspetto della vita umana, dai rapporti sociali alla vita interiore.

La lunga esperienza di Guardini come educatore, che ha condiviso il cammino dei suoi giovani, lo ha posto come figura autorevole per diverse generazioni.

Nel corso della sua lunga carriera editoriale, egli ha prodotto diversi studi legati all'educazione ed alla pedagogia. Ne *La fondazione della teoria pedagogica* emerge una visione matura, che lega la sua riflessione sulla persona all'attività educativa. Risulta chiaro che il cuore dell'educazione è condurre la persona alla piena realizzazione di sé e ad un vero rapporto con Dio, possibile solo nell'ambito della rivelazione cristiana.

Concludo questo lavoro lieto di avere incontrato un modello di educatore fedele alla tradizione cattolica e attento ai segni dei tempi, desiderando di poter vivere in prima persona anche solo una parte di ciò che egli ci ha trasmesso e sperando nella sua prossima canonizzazione. Mi rivolgo a Dio con l'intercessione di Guardini:

> Ti preghiamo Signore: concedici di poterlo venerare, affinché gli uomini d'oggi riconoscano la santità della tua Chiesa, affinché anche le nuove generazioni si infiammino per Te, affinché nelle sofferenze spirituali e corporali l'umanità sia innalzata attraverso il suo esempio, affinché la tua santità sia nuovamente percepita.[151]

[151] Citazione tratta dalla preghiera per la canonizzazione del servo di Dio Romano Guardini.

Bibliografia

Studi su Romano Guardini

AA. VV., *Romano Guardini e la pedagogia. L'educazione come compito e valore*, a cura di FABRIS G. – FACCIOLI G. A., Il Poligrafo, Padova 2013.

ENGELMANN H. – FERRIER F., *Introduzione a Romano Guardini*, Queriniana, Brescia 1968.

FEDELI C., *Pienezza e compimento. Alle radici della riflessione pedagogica di Romano Guardini*, Vita e Pensiero, Milano 2003.

GERL H.B., *Romano Guardini. La vita e l'opera*, Morcelliana, Brescia 1988.

Testi di Romano Guardini

GUARDINI R., *La coscienza*, Morcelliana, Brescia 1933.

GUARDINI R., *Persona e libertà. Saggi di fondazione della teoria pedagogica,* La Scuola, Brescia 1987.

GUARDINI R., *Le età della vita*, Vita e Pensiero, Milano 1992.

GUARDINI R., *Lettere sull'autoformazione*, Morcelliana, Brescia 1994.

GUARDINI R., *Mondo e persona*, Morcelliana, Brescia 2000.

GUARDINI R., *Persona e personalità*, Morcelliana, Brescia 2005.

GUARDINI R., *Una morale per la vita*, Morcelliana, Brescia 2009.

Indice

Printed by Books on Demand GmbH, Norderstedt / Germany